Descobrindo a Inteligência Existencial: Ferramentas, Insights e Implicações

Flávia Ceccato

ÍNDICE

DEDICATÓRIA I

AGRADECIMENTOS.. II

SOBRE A AUTORA III

INTRODUÇÃO 1

REDEFININDO O POTENCIAL HUMANO DO QI AO DOMÍNIO EXISTENCIAL........ 5

NAVEGANDO NAS PROFUNDEZAS HUMANAS: EXPLORANDO A INTELIGÊNCIA

EXISTENCIAL ENTRE CULTURAS E DESAFIOS.. 21

A EXPERIÊNCIA DA INTELIGÊNCIA EXISTENCIAL NO BRASIL: UMA

COMPARAÇÃO COM A CONSCIENCIOLOGIA.. 43

CONSTRUINDO AS FUNDAÇÕES: INSIGHTS TEÓRICOS SOBRE A INTELIGÊNCIA

EXISTENCIAL 50

ABORDAGEM METODOLÓGICA PARA AVALIAR A INTELIGÊNCIA EXISTENCIAL

.... 69

EXAMINANDO OS CRITÉRIOS PARA A INTELIGÊNCIA EXISTENCIAL E SUAS

IMPLICAÇÕES... 73

ANÁLISE DOS QUESTIONÁRIOS PSICOMÉTRICOS EXISTENTES 122

PROPOSTA DE DUAS NOVAS ESCALAS PARA MEDIR A INTELIGÊNCIA

EXISTENCIAL 132

INTEGRAÇÃO TECNOLÓGICA E INTELIGÊNCIA EXISTENCIAL 141

CONSIDERAÇÕES FINAIS... 149

REFERÊNCIAS BIBLIOGRÁFICAS.. 151

Dedicatória

Aos meus amados filhos, Marcéu e Isis,

Que vocês sempre busquem um significado além do comum, questionem com curiosidade e abracem a maravilha da existência.

Este livro é um reflexo da jornada para entender as questões mais profundas da vida. Espero que inspire vocês a explorarem seus propósitos, conectarem-se com o mundo ao seu redor e cultivarem a sabedoria que vai além do conhecimento.

Que vocês trilhem seu caminho com a mente aberta, o coração corajoso e a certeza de que vocês são profundamente amados.

Com todo o meu amor,

Flávia Ceccato

Agradecimentos

A jornada de escrever *Descobrindo a Inteligência Existencial: Ferramentas, Insights e Implicações* foi uma experiência esclarecedora e profundamente gratificante, e devo imensa gratidão àqueles que me apoiaram e me inspiraram ao longo do caminho.

À minha família e amigos que me guiaram e desafiaram durante todo esse processo, em especial ao amigo Gerson Valério, sua sabedoria e encorajamento foram inestimáveis. Obrigada por me inspirarem a fazer perguntas mais profundas, buscar verdades maiores e abraçar a jornada infinita do aprendizado.

Também desejo agradecer ao Professor Howard Gardner por sua abertura ao diálogo, por compartilhar sua perspectiva sobre Inteligência Existencial e por responder generosamente às minhas perguntas ao longo dessa trajetória. Seus *insights* foram verdadeiramente valiosos.

Com profundo apreço,

Flávia Ceccato

Sobre a autora

Flávia Ceccato é Auditora Federal de Controle Externo do Tribunal de Contas da União, com mais de 15 anos de experiência em auditoria pública.

Sua distinta formação acadêmica multidisciplinar inclui bacharelado em Arquitetura e Física, mestrado em Regulação e Gestão de Negócios e várias pós-graduações *lato sensu*.

Além de suas realizações profissionais, ela é membro ativo de prestigiosas sociedades de alto QI, como Mensa, International Society for Philosophical Enquiry (ISPE) e Intertel. Sua curiosidade intelectual e compromisso com o avanço das metodologias de auditoria se refletem em suas inúmeras publicações científicas e técnicas - particularmente seu trabalho inovador aplicando a Lei de Benford para aumentar a transparência e a precisão nas auditorias públicas.

Introdução

Você já olhou para as estrelas e se perguntou sobre o significado da vida? Ou talvez você tenha refletido sobre porque estamos aqui enquanto esperava seu café ser preparado. Parabéns! Você acabou de se interessar pela Inteligência Existencial – uma forma de inteligência que tem tudo a ver com ponderar as grandes questões da vida, como "Qual é o meu propósito?" e "Quando morremos, vamos para outro lugar ou deixamos de existir?" Este estudo visa provar que tais reflexões são mais do que apenas ginástica cerebral tarde da noite; elas são um aspecto essencial da cognição humana.

Este trabalho tem como objetivo propor uma estrutura abrangente para medir a Inteligência Existencial, refinando e aprofundando seus domínios conceituais, enfatizando seu profundo significado para a humanidade. No momento, o mundo acadêmico está empenhado em definir a Inteligência Existencial, com alguns pesquisadores erroneamente confundindo-a com a Inteligência Espiritual. Alerta de spoiler: elas não são a mesma coisa. Esclarecer essas distinções não é apenas um exercício teórico - é a chave para desbloquear novos *insights* sobre como encaramos a própria existência.

A Inteligência Existencial, conforme conceituada na Teoria das Inteligências Múltiplas de Howard Gardner, é essencialmente o "pensador profundo" da família. É o irmão que se senta em silêncio à mesa de jantar, ponderando o significado do universo enquanto

1

todos os outros discutem sobre a sobremesa. Essa inteligência abarca o envolvimento com as grandes e complexas questões da vida, da morte e do nosso lugar no grande esquema das coisas. Embora todos possam ocasionalmente se perguntar se somos apenas peças manipuláveis no jogo de outra pessoa, aprimorar verdadeiramente a Inteligência Existencial requer um conjunto único de habilidades cognitivas e emocionais - habilidades que este estudo procura explorar e medir.

Por que isso importa, você pergunta? Bem, a Inteligência Existencial não é apenas impressionar as pessoas em jantares. Tem implicações importantes para o estudo da consciência humana. Imagine ser capaz de medir essa forma de inteligência com precisão. Poderíamos desvendar correlações entre Inteligência Existencial e QI, descobrir como ela se cruza com estados alterados de consciência e até descobrir por que algumas pessoas conseguem manter a calma durante crises existenciais, enquanto outras caem em uma maratona de uma semana da Netflix.

Atualmente, as ferramentas que usamos para medir a Inteligência Existencial são um pouco como tentar tocar Mozart em um kazoo - elas não estão atingindo o alvo. Muitas delas misturam Inteligência Existencial com Inteligência Espiritual ou não conseguem capturar suas nuances. Este estudo visa corrigir isso, propondo uma abordagem mais clara e direcionada para entender esse domínio fascinante. Pense nisso como a atualização de um telefone *flip* para um *smartphone* - um salto em precisão e capacidade.

Mas espere, tem mais! Além dos testes psicométricos, a Inteligência Existencial tem um enorme potencial na educação. Imagine salas de aula onde os alunos não apenas memorizam fatos, mas se envolvem com perguntas como: "O que dá sentido à vida?" e "Como posso contribuir para o mundo?" Ao integrar a Inteligência Existencial nos currículos, os educadores podem promover o pensamento crítico, a resiliência emocional e um senso mais profundo de propósito nos alunos. Essas habilidades são muito mais úteis do que saber diagramar uma frase (sem ofensa aos entusiastas da gramática).

Agora vamos falar sobre a vida moderna. Estamos vivendo em um mundo tão caótico que cunhamos não um, mas dois acrônimos para descrevê-lo: VUCA (Volatilidade, Incerteza, Complexidade, Ambiguidade) e BANI (Frágil, Ansioso, Não Linear, Incompreensível). Nestes tempos turbulentos, a Inteligência Existencial é como uma bússola em uma tempestade. Ela nos ajuda a encontrar significado, manter os pés no chão e navegar pelas curvas da vida sem perder a sanidade. Seja lidando com mudanças climáticas, pandemias ou o mistério de porque as meias desaparecem na lavanderia, essa inteligência é uma habilidade de sobrevivência para a era moderna.

Finalmente, não vamos esquecer a magia interdisciplinar da Inteligência Existencial. Ao combinar insights da Psicologia,

Neurociência, Filosofia e Educação, este estudo pinta um quadro holístico de como lidamos com as grandes questões da vida. Seja com base em antigas tradições filosóficas ou nos mais recentes estudos de imagens cerebrais, este trabalho preenche a lacuna entre o pensamento profundo e a ciência empírica.

Em conclusão, este estudo não visa apenas medir a Inteligência Existencial - ele procura celebrá-la. Ao abordar lacunas na literatura e propor melhores ferramentas para entender essa inteligência, esperamos inspirar um mundo onde ponderar os mistérios da vida seja visto como uma força, não uma peculiaridade. Então, da próxima vez que você se encontrar olhando para as estrelas, lembre-se: você não está apenas sonhando acordado. Você está se engajando em uma das formas mais profundas de inteligência da humanidade - e isso é algo que vale a pena medir.

Redefinindo o Potencial Humano do QI ao Domínio Existencial

A evolução da inteligência:

Do QI às Inteligências Múltiplas

Até o final do século passado, a inteligência era vista através de uma lente muito específica - uma que vinha com muitas folhas de teste, lápis nº 2 e o pavor iminente de uma pontuação de QI. A visão psicométrica clássica da inteligência predominou, definindo inteligência como a capacidade de responder a itens de teste projetados para medir o quociente de inteligência (QI) de alguém. Essencialmente, a inteligência era vista como uma capacidade cognitiva de "tamanho único", convenientemente espremida em um número. Técnicas estatísticas apoiaram essa visão, comparando respostas de indivíduos de diferentes idades para inferir alguma habilidade subjacente misteriosa - como se a inteligência fosse um padrão universal como o ponto de ebulição da água. Simples, certo?

Então surgiu Howard Gardner. No final dos anos 1970 e início dos anos 1980, esse psicólogo revolucionário deu uma olhada no conceito clássico de inteligência e disse: "Não, os humanos são muito mais complicados do que isso". Assim, nasceu a Teoria das Inteligências Múltiplas. Gardner propôs que a inteligência não era uma habilidade monolítica, mas sim uma gama diversificada de habilidades cognitivas que as pessoas usam para resolver problemas e criar contribuições significativas para a sociedade.

Essencialmente, ele expandiu a visão da inteligência de "Você pode resolver este problema de matemática?" para "Você pode tocar uma sinfonia, inspirar uma multidão ou explorar uma floresta?"

A Teoria de Gardner (1983, 1999) identificou oito inteligências distintas: Linguística, Lógico-Matemática, Espacial, Musical, Corporal-Cinestésica, Naturalista, Interpessoal e Intrapessoal. De repente, a inteligência não estava mais confinada a testes ou equações; incluía a capacidade de dançar, pintar, conectar-se com outras pessoas ou até mesmo entender a si mesmo profundamente. Finalmente, uma teoria que reconhecia o prodígio do xadrez e o violinista virtuoso como tão inteligentes quanto o gênio do cálculo. Revolucionário!

De acordo com Gardner, as escolas seculares modernas têm sido culpadas de favorecer apenas duas inteligências: Linguística e Lógico-Matemática. Essa dupla, apelidada de "inteligência acadêmica", monopoliza os holofotes nas salas de aula em todo o mundo. Claro, ser capaz de escrever ensaios e resolver equações algébricas é importante, mas Gardner argumentou que essas habilidades mal arranham a superfície do que os humanos são capazes. É como julgar um peixe por sua capacidade de subir em uma árvore - você está perdendo um oceano inteiro de talentos!

A ideia de inteligências múltiplas de Gardner marcou um afastamento radical das noções tradicionais de inteligência que dominaram o início do século 20. Esses modelos mais antigos, popularizados por psicólogos como Piaget (1950, 1952), concentravam-se fortemente no desenvolvimento cognitivo e nos testes de QI como padrão-ouro para a inteligência. A teoria de Gardner inverteu o roteiro, convidando a uma visão mais inclusiva do potencial humano que ressoou em todas as disciplinas.

O que torna a teoria de Gardner ainda mais convincente é como ele chegou a ela. Ao contrário dos psicólogos tradicionais que estavam preocupados em criar e interpretar instrumentos psicométricos, Gardner se baseou em um caleidoscópio de campos de pesquisa - Biologia Evolutiva, Neurociência, Antropologia, Psicometria e estudos psicológicos de prodígios e *savants*. Sua abordagem holística permitiu que ele identificasse um conjunto de critérios que distinguiam uma inteligência da outra, indo além das pontuações dos testes para descobrir a rica tapeçaria das habilidades humanas.

A observação de Gardner sobre o talento do mundo real desempenhou um papel fundamental na formação de sua teoria. Ele observou que indivíduos com habilidades extraordinárias em domínios como xadrez, música, atletismo, política ou empreendedorismo demonstraram habilidades cognitivas que não podiam ser encaixadas em uma definição estreita de inteligência. Esses talentos, argumentou ele, mereciam ser reconhecidos e celebrados como formas legítimas de inteligência. Essencialmente, Gardner lembrou ao mundo que a inteligência é tão diversa quanto a própria humanidade - e isso é uma coisa linda.

Em resumo, a Teoria das Inteligências Múltiplas desafiou a visão psicométrica tradicional da inteligência, indo além dos limites rígidos dos testes de QI. Ao expandir a definição de inteligência para incluir uma gama mais ampla de habilidades humanas, o trabalho de Gardner revolucionou a forma como pensamos sobre aprendizado, talento e potencial humano. Então, da próxima vez que você se sentir inspirado por um dançarino, um cientista ou um jardineiro mestre, lembre-se: a inteligência não se manifesta em apenas um campo – ela reflete muitas áreas.

Inteligência Existencial: A Inteligência "8½" que nos Mantém Perguntando "Por quê?"

Ao longo dos anos, a Teoria das Inteligências Múltiplas de Gardner inspirou uma lista cada vez maior de candidatas a "novas inteligências", variando de Inteligência Moral a Inteligência Humorística e até Inteligência Culinária. Entre elas, o próprio Gardner flertou com a ideia de **Inteligência Existencial** - uma habilidade cognitiva que reflete o talento da humanidade para lidar com as Grandes Questões: *Por que estamos aqui? Por que amamos? Por que morremos?*

Gardner (2006a) propôs a **Inteligência Existencial** como a capacidade de contemplar aspectos fundamentais da existência humana - questões sobre a vida, a morte, a realidade e nosso propósito final. Imagine a ginástica mental necessária para refletir *"O que acontece depois que morremos?"* ao mesmo tempo em que se pergunta *"O que é a realidade, afinal?"* Esse tipo de inteligência se aventura muito além do escopo de nossos cinco sentidos principais, explorando temas que são, como disse Gardner, *"muito grandes ou muito pequenos"* para a mera percepção.

Quem são os Superstars Existenciais?

Figura 1

Ao pensar em indivíduos com alta Inteligência Existencial, certas figuras vêm à mente: filósofos, líderes religiosos e estadistas que podem transformar questões abstratas em movimentos globais ou arte atemporal. Essas são as pessoas que fazem com que lidar com enigmas metafísicos pareça um esporte de contato total - o tipo de pessoa que, em jantares, transforma conversas casuais em debates socráticos. Mas o que exatamente diferencia essas superestrelas existenciais e quem elas poderiam ser?

Os Titãs Filosóficos

Pense em Sócrates, o homem original do "porquê", que passava seus dias fazendo perguntas difíceis que desafiavam a sabedoria convencional. Sua insistência em investigar profundamente o significado de justiça, verdade e virtude lançou as bases para a filosofia ocidental. Avance alguns milênios e você terá figuras como Jean-Paul Sartre e Simone de Beauvoir, potências existenciais que exploraram a liberdade, a responsabilidade e o absurdo da vida. Suas obras, como *O Ser e o Nada* e *O Segundo Sexo*, transformaram a forma como pensamos sobre identidade, liberdade e existência humana.

Líderes Religiosos com *Insights* Profundos

Os líderes religiosos muitas vezes são modelos de Inteligência Existencial, oferecendo orientação sobre as grandes questões da vida através de lentes espirituais e filosóficas. Buda, por exemplo, dedicou sua vida a entender a natureza do sofrimento e como transcendê-lo. Da mesma forma, figuras como Jesus de Nazaré e o profeta Maomé forneceram estruturas para viver vidas significativas enraizadas em princípios éticos e um senso de propósito. Esses líderes não apenas contemplaram questões existenciais - eles as traduziram em ensinamentos que continuam a moldar as civilizações.

Estadistas e Visionários

No campo da política e da liderança, a Inteligência Existencial brilha em indivíduos que podem articular uma visão que ressoa em um nível profundamente humano. Veja Nelson Mandela, cuja jornada de prisioneiro político a presidente da África do Sul exemplificou resiliência e uma profunda compreensão da justiça e da reconciliação. Da mesma forma, a filosofia de não-violência de

Mahatma Gandhi não era apenas uma estratégia política; era uma postura existencial sobre a natureza do poder e o potencial da humanidade para a paz.

Artistas e Criativos: os Sonhadores da Condição Humana

Artistas com alta Inteligência Existencial traduzem os mistérios da vida em obras que nos movem. *A Noite Estrelada* de Vincent van Gogh captura uma sensação cósmica de admiração e turbulência, enquanto os romances de Franz Kafka mergulham nos absurdos da existência moderna. Poetas como Rumi e Mary Oliver usam palavras para sondar o amor, a perda e a beleza inefável de estar vivo. Mesmo cineastas como Ingmar Bergman e Terrence Malick tecem temas existenciais em suas narrativas, fazendo perguntas que perduram muito depois dos créditos.

O Existencialista Cotidiano

Nem todas as superestrelas existenciais são figuras históricas ou celebridades. A alta Inteligência Existencial pode ser encontrada no pensador cotidiano - o professor que incentiva os alunos a explorarem as grandes questões da vida, o cuidador que reflete sobre o propósito mais profundo do serviço ou o amigo que sempre parece perguntar: "O que realmente importa para você?" Esses indivíduos podem não escrever manifestos ou criar obras-primas, mas sua capacidade de se envolver significativamente com a existência enriquece a vida das pessoas ao seu redor.

O que torna essas superestrelas existenciais tão atraentes é sua capacidade de enfrentar as questões finais da vida com coragem, criatividade e clareza. Quer estejam elaborando filosofias, inspirando movimentos ou criando arte, esses indivíduos nos lembram que lidar com os mistérios da existência não é apenas um exercício mental - é uma parte vital do que significa ser humano. Suas vidas e obras nos encorajam a pensar profundamente, agir com autenticidade e buscar significado em nossos próprios caminhos. Afinal, nas palavras de Sócrates, *"A vida não examinada não vale a pena ser vivida"*.

Inteligência Existencial na Vida Cotidiana

A beleza da Inteligência Existencial é que ela não aparece apenas em torres de marfim ou textos sagrados. De acordo com Gardner, as reflexões existenciais surgem em todas as culturas e contextos: na religião, filosofia, arte e até mesmo em fofocas e histórias para dormir. Pense em mitos e contos de fadas adorados por crianças. Sob os dragões e feijões mágicos, essas histórias muitas vezes abordam temas existenciais - vida, morte, moralidade - que cativam as mentes jovens. Gardner observou que as crianças naturalmente levantam essas questões profundas, muitas vezes começando com *"Por quê?"* e rapidamente evoluindo para *"Por que, sério?"* Claro, eles nem sempre ouvem as respostas, mas sua curiosidade é a prova de nosso impulso inato de dar sentido à existência.

Um Meio-Passo Controverso

Embora o conceito de *"Inteligências 8½"* de Gardner seja tão peculiar quanto instigante, sua hesitação em conceder status completo à Inteligência Existencial decorre da falta de evidências concretas. Em sua opinião, certas partes do cérebro - talvez o lobo inferotemporal - podem ser a chave para o processamento de questões existenciais. No entanto, Gardner também considerou a possibilidade de que tais investigações possam pertencer a uma *"mente filosófica"* mais ampla ou simplesmente representar as perguntas mais emocionalmente carregadas que os humanos podem fazer. Esse conservadorismo científico levou Gardner a rotular a Inteligência Existencial como um *"8½"* em vez de uma nona inteligência completa, mantendo-a no limbo intelectual enquanto aguarda evidências mais definitivas.

Inteligência Existencial na Expressão Criativa

Embora a Inteligência Existencial muitas vezes envolva profunda introspecção e discussão filosófica, ela também encontra expressão na arte, música e literatura. Dos romances de Dostoiévski às pinturas de Van Gogh, obras criativas que mergulham em temas existenciais ressoam profundamente com o público, refletindo o desejo compartilhado da humanidade de encontrar significado e lidar com as incertezas da vida. Seja por meio de poesia, teatro ou até mesmo uma comédia *stand-up* oportuna, a Inteligência Existencial geralmente se manifesta como uma capacidade de traduzir o irrespondível em algo tangível.

Por que é Importante

No mundo atual de mudanças rápidas e ansiedade existencial - de crises climáticas a convulsões sociais - a capacidade de perguntar *"Por quê?"* e buscar propósito é mais relevante do que nunca. Seja por meio de reflexão pessoal, educação ou envolvimento da comunidade, promover a Inteligência Existencial pode ajudar os indivíduos a navegarem no caos e encontrarem significado na incerteza.

Em conclusão, a Inteligência Existencial ainda pode estar esperando na *"sala de espera teórica"* de Gardner, mas seu impacto é inegável. Quer se torne ou não a *"nona inteligência"*, continua sendo uma lente fascinante através da qual se explora a mente humana e sua busca infinita por compreensão. Então, da próxima vez que você se pegar perdido em pensamentos, imaginando os maiores mistérios da vida, dê a si mesmo um pouco de crédito. Você pode estar apenas flexionando sua Inteligência Existencial.

Considerações Éticas na Promoção da Inteligência Existencial

A Inteligência Existencial, conforme explorada ao longo deste livro, representa a capacidade humana de se envolver com questões profundas sobre vida, morte e propósito. Embora seu cultivo ofereça benefícios significativos - aprimorando o pensamento crítico, aprofundando a autoconsciência e promovendo um senso de interconexão - ela também introduz considerações éticas complexas. O potencial de uso indevido na liderança, educação e influência social exige um exame cuidadoso das responsabilidades que acompanham seu desenvolvimento. Além disso, promover a Inteligência Existencial pode ter implicações de longo alcance para a tomada de decisões, justiça social e gestão ambiental. Esta seção procura navegar por essas dimensões éticas, oferecendo uma perspectiva equilibrada sobre a promessa e os perigos de cultivar a Inteligência Existencial.

Preocupações Éticas na Liderança e Influência Social

Líderes que possuem um alto grau de Inteligência Existencial podem aproveitar seus insights para inspirar e orientar os outros. No entanto, o desafio ético surge quando essa inteligência é manipulada para ganho pessoal ou controle ideológico. Figuras históricas com profundas percepções existenciais, como líderes religiosos e filósofos, moldaram as sociedades para o bem e para o mal.

- **Influência vs. Manipulação:** Há uma linha tênue entre inspirar indivíduos a refletir sobre questões existenciais e coagi-los a visões de mundo específicas. A liderança ética requer transparência, respeito pela individualidade e a promoção de questionamentos abertos.

- **Tomada de Decisão Ética na Governança:** A Inteligência Existencial pode contribuir para uma formulação de políticas mais reflexiva e moralmente sólida. No entanto, as políticas inspiradas por reflexões existenciais devem equilibrar a

16

profundidade filosófica com considerações práticas, garantindo que atendam a diversas necessidades sociais, e não a algumas poucas selecionadas.

- **O Risco do Elitismo:** Cultivar a Inteligência Existencial não deve ser reservado para uma elite intelectual ou socioeconômica. Democratizar o acesso à educação filosófica e à exploração existencial pode evitar disparidades na forma como essa inteligência é desenvolvida e aplicada.

O Papel da Educação: Incentivando a Investigação sem Doutrinação

Em contextos educacionais, promover a Inteligência Existencial pode encorajar os alunos a se envolverem com questões profundas, aprimorando o pensamento crítico e o raciocínio ético. No entanto, deve-se tomar cuidado para garantir que a educação continue sendo um espaço para investigação aberta, em vez de imposição ideológica.

- **Promovendo o Questionamento Aberto:** Os alunos devem ser encorajados a questionarem e formularem suas próprias crenças existenciais, em vez de serem direcionados para conclusões predefinidas.

- **Perspectivas Diversas:** A incorporação de múltiplas tradições filosóficas, culturais e religiosas pode fornecer aos alunos um amplo espectro de perspectivas existenciais, permitindo que eles formem sua própria compreensão diferenciada.

- **Impactos Psicológicos:** Algumas questões existenciais - particularmente aquelas relacionadas à morte, sofrimento e significado - podem ser angustiantes. Os educadores devem criar ambientes de apoio que ajudem os alunos a navegarem na investigação existencial sem causar ansiedade indevida.

Inteligência Existencial e Justiça Social

A Inteligência Existencial pode desempenhar um papel fundamental na promoção de uma sociedade justa. Ao incentivar os indivíduos a refletirem sobre ética, propósito e interconexão, essa forma de inteligência tem o potencial de impulsionar mudanças sociais positivas. No entanto, também introduz dilemas éticos em relação ao privilégio, acesso e aplicação prática.

- **Empatia e Responsabilidade Moral:** Indivíduos com alta Inteligência Existencial geralmente desenvolvem um profundo senso de obrigação moral. Isso pode ser aproveitado para promover a equidade e a justiça, garantindo que a investigação filosófica se traduza em ação ética.

- **Desafios da Implementação:** Embora a Inteligência Existencial possa encorajar a responsabilidade social, ela não leva automaticamente a ações justas. Estruturas éticas e sociais devem apoiar a aplicação prática de insights existenciais.

- **Preconceitos Culturais e Sociais:** A interpretação e aplicação da Inteligência Existencial podem ser influenciadas por preconceitos culturais. Uma abordagem verdadeiramente ética deve reconhecer e respeitar diversas perspectivas existenciais.

Gestão Ambiental: Um Imperativo Existencial

Uma das aplicações éticas mais prementes da Inteligência Existencial está na gestão ambiental. Ao promover uma profunda consciência da interconexão da humanidade com o planeta, a Inteligência Existencial pode servir como um catalisador para uma ação sustentável.

- **Consciência das Gerações Futuras:** A Inteligência Existencial incentiva os indivíduos a considerarem as consequências de longo prazo, tornando-se uma ferramenta valiosa para promover a responsabilidade ambiental.

- **Equilibrando Reflexão e Ação:** Embora a reflexão existencial profunda possa inspirar um comportamento sustentável, ela deve ser acompanhada de ações concretas. Considerações éticas surgem para garantir que os *insights* existenciais levem a iniciativas ambientais práticas.

- **O Dever Ético de Educar:** Dada a urgência das crises ambientais, há um imperativo ético de integrar a Inteligência Existencial nas discussões sobre sustentabilidade. No entanto, isso deve ser feito de uma forma que respeite diversas perspectivas e experiências vividas.

Um Apelo à Administração Ética

À medida que avançamos em nossa compreensão e aplicação da Inteligência Existencial, a administração ética se torna uma responsabilidade crítica. Seja na liderança, educação, justiça social ou ação ambiental, a forma como a Inteligência Existencial é cultivada e aplicada moldará seu impacto nos indivíduos e na sociedade. Ao promover o questionamento aberto, a responsabilidade ética e a inclusão, podemos garantir que a Inteligência Existencial sirva como uma força para o bem, em vez de uma ferramenta de manipulação ou exclusão.

Ao abraçar essa responsabilidade, defendemos a verdadeira essência da investigação existencial - buscando sabedoria, promovendo a justiça e cultivando uma compreensão mais profunda de nosso lugar no mundo.

Navegando nas Profundezas Humanas: Explorando a Inteligência Existencial entre Culturas e Desafios

Entre a Inteligência Existencial e a Inteligência Espiritual

À primeira vista, a Inteligência Existencial e a Inteligência Espiritual podem parecer primas próximas em uma reunião familiar da cognição humana - semelhantes o suficiente para serem relacionadas, mas distintas o suficiente para terem suas próprias personalidades. No entanto, após um exame mais detalhado, a Inteligência Existencial prova ser muito mais ampla em escopo. Embora ambas transcendam a pergunta tradicional do teste de QI "Quem é o mais inteligente na sala?", cada uma delas cria espaços únicos no reino da compreensão e consciência humanas (Skrzypińska, 2021).

Foco e Escopo: Lentes Diferentes, Paisagens Diferentes

Pense na Inteligência Espiritual como a parte de sua mente que olha para as estrelas e sente uma conexão inata com algo maior do que você. Envolve explorar os aspectos transcendentes da vida - acessar valores, significado e propósito mais elevados - enquanto promove um senso de harmonia e compaixão. Indivíduos com alta Inteligência Espiritual são frequentemente guiados por um desejo de crescimento pessoal, interconexão com o mundo e uma sabedoria interior que sussurra: "Há mais na vida do que aparenta".

Enquanto isso, a Inteligência Existencial está menos preocupada com "o além" e mais focada no "aqui e agora". É a capacidade de lidar com as questões fundamentais da vida: Por que estamos aqui? Qual é o sentido da existência? O que acontece quando morremos? Aqueles com alta Inteligência Existencial se assemelham aos filósofos de antigamente, infinitamente curiosos sobre os mistérios da vida humana e a natureza da própria realidade.

Orientação: Quem está Segurando o Mapa?

A Inteligência Espiritual geralmente segue um caminho bem trilhado, guiado pela fé, espiritualidade ou uma conexão com o divino. Seja por meio de oração, meditação ou reflexão pessoal, promove um senso de interconexão com o universo. Essa inteligência pode se manifestar em práticas religiosas ou como uma busca profundamente pessoal e não religiosa pela paz interior e autodescoberta.

A Inteligência Existencial, por outro lado, não vem com um mapa pré-desenhado. Trata-se de enfrentar as maiores questões da vida de frente, sem necessariamente depender da religião ou da espiritualidade como guia. Ela serve como um "kit DIY" de inteligência, incentivando os indivíduos a contemplarem a mortalidade, a liberdade e as complexidades da condição humana em seus próprios termos.

Resultados e Aplicações: o Que Você Ganha com Isso?

Aqueles com Inteligência Espiritual desenvolvida geralmente relatam uma maior sensação de paz interior, propósito e resiliência quando confrontados com os desafios da vida. Eles tendem a exibir empatia, compaixão e uma maior capacidade de se conectar com os outros em suas jornadas espirituais. De muitas maneiras, a Inteligência Espiritual atua como uma bússola moral, ajudando as pessoas a navegarem pelas tempestades da vida com sabedoria e compreensão.

Por outro lado, a Inteligência Existencial promove a autenticidade e a busca de significado. Pessoas com forte Inteligência Existencial podem descobrir *insights* profundos sobre a existência, permitindo-lhes viver com maior intencionalidade e criatividade. Esse tipo de inteligência inspira obras de arte, teorias filosóficas e aquelas conversas profundas e noturnas que deixam a pessoa refletindo sobre os mistérios da vida.

Universalidade: Questões Locais vs. Globais

A Inteligência Espiritual está frequentemente ligada a contextos culturais e religiosos específicos, o que significa que sua expressão pode variar muito, dependendo da formação do indivíduo. A espiritualidade em uma cultura pode parecer totalmente diferente em outra, tornando-se uma forma de inteligência lindamente diversa, mas altamente contextual.

Em contraste, a Inteligência Existencial transcende as fronteiras culturais e religiosas. Ela lida com questões universais sobre a existência humana que pessoas de todas as esferas da vida podem contemplar em algum momento. Seja em uma cidade movimentada ou em uma vila remota, as perguntas "Por que estamos aqui?" e "Qual é o nosso propósito?" permanecem constantes.

Construções Complexas: Ainda um Trabalho em Andamento

Tanto a Inteligência Espiritual quanto a Existencial representam dimensões complexas e abstratas da cognição humana. Os pesquisadores continuam a debater suas definições, aplicações e significado. Enquanto a Inteligência Espiritual geralmente se concentra em se conectar com o divino ou o transcendente, a Inteligência Existencial está enraizada em lidar com as questões profundas da vida sem necessariamente invocar a espiritualidade. No entanto, ambas destacam a extraordinária profundidade da consciência humana.

Em conclusão, embora a Inteligência Espiritual e a Inteligência Existencial compartilhem algum terreno sobreposto, elas traçam cursos distintos através da paisagem do pensamento humano. A Inteligência Espiritual busca conexão e propósito superior, muitas vezes através de uma lente transcendente, enquanto a Inteligência Existencial mergulha no coração da existência, sem medo de confrontar os maiores mistérios da vida. Seja guiada pela fé, filosofia ou uma mistura de ambas, essas formas de inteligência nos lembram que a mente humana é tão vasta e variada quanto as perguntas que procura responder.

Perspectivas Culturais sobre a Inteligência Existencial

A Inteligência Existencial, conforme conceituada na Teoria das Inteligências Múltiplas de Howard Gardner, está inerentemente ligada às questões profundas da existência humana: o significado da vida, da morte, da liberdade e do propósito. Embora essas questões sejam universais, as maneiras pelas quais elas são abordadas, interpretadas e respondidas estão profundamente enraizadas nas tradições culturais, religiosas e filosóficas. Examinar a Inteligência Existencial através de uma lente cultural não apenas enriquece sua estrutura conceitual, mas também ressalta suas aplicações práticas em diversos contextos educacionais e sociais. Esta seção explora o papel da cultura na formação da Inteligência Existencial, enfatizando a interação entre tradições globais, identidade individual e visões de mundo coletivas.

Tradições Filosóficas Orientais

As tradições filosóficas orientais, particularmente o Budismo, o Hinduísmo, o Taoísmo e o Confucionismo, oferecem perspectivas únicas sobre a Inteligência Existencial. Embora muitas vezes incorporadas a estruturas religiosas, essas tradições enfatizam a investigação existencial, a autorreflexão e a busca da sabedoria - alinhando-se intimamente com a noção de Inteligência Existencial de Gardner.

Budismo: Impermanência e Autotranscendência

A Filosofia Budista coloca ênfase significativa na impermanência *(anicca)*, sofrimento *(dukkha)* e não-eu *(anatta)* (Rahula, 1974). Esses conceitos incentivam uma profunda reflexão existencial:

- *A meditação e a atenção plena cultivam a consciência da transitoriedade da vida.*

- *As Quatro Nobres Verdades orientam os indivíduos na compreensão do sofrimento e na busca de significado por meio da iluminação.*

- *O Zen Budismo promove o questionamento paradoxal (por exemplo, koans) para aprofundar o pensamento existencial além da racionalidade (Suzuki, 1956).*

O Budismo alinha a Inteligência Existencial com a autoconsciência, o desapego dos desejos movidos pelo ego e o envolvimento com as incertezas da vida (Dalai Lama, 1999).

Hinduísmo: Dharma, Moksha e a Ordem Cósmica

O Hinduísmo oferece *insights* existenciais profundos por meio de textos sagrados como os Upanishads e o Bhagavad Gita:

- ***Dharma (dever)* e *karma (ação)*** *enquadram a Inteligência Existencial nas tomadas de decisões éticas e na responsabilidade social (Eliade, 1958).*

- *Moksha (libertação do ciclo de renascimento) representa a realização existencial final - transcendendo a individualidade para alcançar a unidade com Brahman.*

- *O conceito de **Atman (eu)** vs. **Brahman (consciência universal)** reflete reflexões existenciais sobre identidade e cosmos (Radhakrishnan & Moore, 1957).*

Por meio de narrativas, discursos e rituais, as tradições hindus nutrem a Inteligência Existencial, incentivando a reflexão sobre destino, propósito e interconexão.

Tradições Filosóficas Ocidentais

O pensamento ocidental tem lutado com questões existenciais por séculos, particularmente por meio da Filosofia Grega, da Teologia Medieval e do Existencialismo Moderno.

Filosofia Grega: Investigação Racional da Existência

Os filósofos gregos antigos lançaram as bases para a Inteligência Existencial por meio do questionamento crítico e do raciocínio lógico (Russell, 1945).

- *O **Método de Investigação de Sócrates** (elenchus) encorajou os indivíduos a examinarem suas crenças, promovendo a autoconsciência e a humildade intelectual (Platão, 399 aC).*

- *A **Alegoria da Caverna de Platão** explora a jornada da ignorância à iluminação, servindo como uma metáfora para a autodescoberta existencial (Platão, República, c. 375 aC).*

- *O conceito de eudaimonia (florescimento) de Aristóteles se alinha com a Inteligência Existencial como uma busca de virtude, significado e propósito (Aristóteles, 350 aC).*

Essas tradições enfatizavam a investigação existencial como um esforço racional, ético e intelectual.

Existencialismo: Liberdade, Absurdo e Significado

Os pensadores existencialistas modernos, particularmente Jean-Paul Sartre, Albert Camus e Søren Kierkegaard, concentraram-se na escolha individual, autenticidade e ansiedade existencial.

- *A Noção de Sartre de "a Existência Preceder a Essência" argumenta que os humanos definem seu próprio significado em um universo inerentemente sem sentido (Sartre, 1982).*

- *O Mito de Sísifo, de Camus, apresenta a luta humana contra o absurdo, enfatizando a importância de abraçar a falta de significado inerente da vida (Camus, 1942).*

- *O "Salto de Fé" de Kierkegaard explora a Inteligência Existencial por meio da tensão entre razão, dúvida e fé (Kierkegaard, 2013).*

Essas perspectivas ilustram como a Inteligência Existencial se manifesta como a capacidade de navegar pela falta de sentido, abraçar a liberdade e enfrentar o pavor existencial (Heidegger, 1988).

Perspectivas Indígenas e Africanas sobre a Inteligência Existencial

Sistemas de Conhecimento Indígenas e Inteligência Existencial

As cosmovisões indígenas geralmente enfatizam uma conexão profunda entre a existência humana, a natureza e o reino espiritual. Em contraste com o individualismo ocidental, as perspectivas indígenas veem a existência como relacional (Battiste, 2002).

- *O Conceito de "Sete Gerações" no pensamento nativo americano incentiva a reflexão existencial de longo prazo, enfatizando a responsabilidade para com as gerações passadas e futuras (Cajete, 2000).*

- *As Histórias Aborígenes Australianas do Tempo do Sonho expressam Inteligência Existencial ao vincular sabedoria ancestral, cosmologia e lições morais por meio da narrativa (Christie, 2008).*

- *O Conceito Andino de Bem Viver promove a Inteligência Existencial, enfatizando a harmonia com a natureza e a comunidade, em vez da autorrealização individual (Gudynas, 2011).*

A Inteligência Existencial indígena é cultivada por meio de tradições orais, rituais e profunda consciência ecológica, que contrastam com as abordagens racionalistas ocidentais.

Filosofia Ubuntu Africana e Existência Coletiva

O pensamento existencial africano está profundamente enraizado na comunidade, na ética e na interdependência (Mbiti, 1969).

- *Filosofia Ubuntu (África do Sul) - "Eu sou porque nós somos" - enfatiza a Inteligência Existencial como um processo comunitário e não como um esforço individual (Ramose, 1999).*

- *A Cosmologia Dogon (África Ocidental) explora a Inteligência Existencial por meio de representações simbólicas de vida, morte e ordem cósmica (Griaule & Dieterlen, 1965).*

- *A Sabedoria Yoruba Orunmila (Nigéria) incentiva a reflexão existencial por meio da adivinhação de Ifá, do raciocínio moral e da relação entre destino e livre arbítrio (Abimbola, 1976).*

Essas tradições desafiam a ênfase ocidental na investigação existencial individual, demonstrando que o significado e o propósito são frequentemente construídos coletivamente.

Influências Culturais no Desenvolvimento

As origens culturais moldam como a Inteligência Existencial é expressa - seja por meio da introspecção individual ou do diálogo comunitário.

Individualismo vs. Coletivismo no Pensamento Existencial

A pesquisa sugere que as sociedades ocidentais priorizam a reflexão existencial individual, enquanto as culturas orientais e indígenas enfatizam o envolvimento existencial comunitário (Markus & Kitayama, 1991).

- *Abordagem Ocidental* → *Concentra-se na autorrealização pessoal, alinhando-se com o pensamento existencialista (Maslow, 1943).*

- *Abordagem Oriental* → *Integra a Inteligência Existencial na comunidade, na família e na prática espiritual (Nisbett, 2003).*

- *A Filosofia Ubuntu Africana* → *enfatiza "Eu sou porque nós somos", demonstrando uma abordagem coletiva da reflexão existencial (Mbiti, 1969).*

Essas variações culturais afetam a forma como os indivíduos enfrentam dilemas existenciais, definem a identidade e constroem significado.

Abordagens Educacionais para a Inteligência Existencial

Diferentes culturas incorporam a exploração existencial em seus sistemas educacionais:

- *Cursos de Filosofia e Ética Ocidental* → *Incentivam o pensamento crítico e o debate sobre questões existenciais.*

- **Tradições Orais Indígenas** → *Ensinam sabedoria existencial por meio de contação de histórias e aprendizagem experiencial (Battiste, 2002).*

- **Educação Religiosa e Espiritual** → *Fornecem bases estruturadas para a reflexão existencial dentro das tradições de fé.*

Ao reconhecer essas abordagens culturalmente diversas, os educadores podem desenvolver métodos inclusivos para nutrir a Inteligência Existencial globalmente.

Examinar a Inteligência Existencial por meio de uma perspectiva cultural enriquece nossa compreensão de como as sociedades enquadram, exploram e ensinam o pensamento existencial. Embora existam temas universais, as diferenças culturais moldam a expressão, a profundidade e a aplicação da Inteligência Existencial.

Ao promover a inclusão cultural, pesquisadores e educadores podem criar abordagens mais holísticas e diversificadas para a aprendizagem existencial - capacitando os indivíduos a se envolverem com as questões fundamentais da vida por meio de várias lentes.

Maior Contextualização da Inteligência Existencial nos Desafios Modernos

A Inteligência Existencial nos Conceitos de VUCA e BANI

O conceito de mundo VUCA surgiu em 1990, no final da Guerra Fria, em resposta a um cenário imprevisível em que os soldados americanos buscavam estratégias para se adaptar às circunstâncias em rápida mudança. O acrônimo VUCA – que representa **Volatility, Uncertainty, Complexity, and Ambiguity** – desde então tem sido amplamente adotado por líderes empresariais e teóricos para descrever a natureza fluida e incerta dos ambientes globais contemporâneos (Scopi, 2023).

- *Volatilidade: Refere-se a mudanças e flutuações imprevisíveis que afetam as condições econômicas, políticas e sociais, muitas vezes causando rupturas significativas.*

- *Incerteza: Destaca a dificuldade de prever eventos futuros e suas implicações, enfatizando a falta de clareza na tomada de decisões.*

- *Complexidade: reconhece as intrincadas relações entre vários fatores, tornando difícil determinar as relações de causa e efeito.*

- *Ambiguidade: Reflete as múltiplas interpretações e a natureza pouco clara das informações, dificultando o discernimento da verdade ou significado absoluto.*

Em 2018, o antropólogo americano **Jamais Cascio** expandiu o VUCA com a sigla **BANI – Brittle, Anxious, Nonlinear, and Incomprehensible** – para refletir as complexidades em evolução da era moderna. Essa estrutura ganhou destaque durante a pandemia de COVID-19, que acelerou a transformação digital e expôs vulnerabilidades nos sistemas sociais e corporativos (Scopi, 2023).

- *Frágil: Destaca a fragilidade dos sistemas que parecem fortes, mas entram em colapso sob estresse.*

- *Ansioso: Reconhece a crescente incerteza e o impacto psicológico de um mundo imprevisível.*

- *Não linear: enfatiza a natureza imprevisível da mudança, onde pequenas ações podem levar a consequências desproporcionais.*

- *Incompreensível: captura a complexidade esmagadora dos problemas modernos, tornando-os difíceis de entender ou controlar totalmente.*

Diante de ambientes turbulentos e imprevisíveis, a Inteligência Existencial torna-se uma ferramenta crucial para os indivíduos navegarem e se adaptarem. Essa forma de inteligência envolve a capacidade de refletir profundamente sobre questões fundamentais da existência, ajudando os indivíduos a encontrarem significado e propósito em meio à incerteza e à complexidade.

Promovendo o Significado na Turbulência

A Inteligência Existencial permite que os indivíduos identifiquem o que realmente importa em situações voláteis e ambíguas. Ao focar em valores centrais e objetivos de longo prazo, obtém-se um senso de direção mesmo em circunstâncias caóticas.

Construindo Resiliência Psicológica

Refletir sobre temas existenciais como propósito, liberdade e responsabilidade ajuda a promover a força interior. Isso permite aos indivíduos lidarem com o estresse e a incerteza, ancorando-se em uma compreensão mais profunda de seu papel em um contexto mais amplo.

Incentivando a Adaptação e a Criatividade

A capacidade de considerar múltiplas perspectivas e explorar questões complexas promove o pensamento inovador. A Inteligência Existencial apoia a resolução flexível de problemas e a capacidade de reformular os desafios como oportunidades de crescimento.

Em um mundo cada vez mais definido pela volatilidade, fragilidade e imprevisibilidade, a Inteligência Existencial oferece uma estrutura para enfrentar esses desafios com clareza e propósito. Em vez de entrarem em pânico com as reviravoltas da vida, os indivíduos abraçam a incerteza com a calma de um filósofo – ou, pelo menos, com menos crises existenciais antes do café da manhã. É a arte de transformar o caos em oportunidade, assim como encontrar uma batata frita extra no fundo da embalagem. Ao cultivar a Inteligência Existencial, indivíduos e organizações podem construir resiliência e manter um senso de propósito em um mundo em constante mudança.

Aplicações Concretas da Inteligência Existencial nos Desafios Modernos

Abordando as Mudanças Climáticas

A Inteligência Existencial incentiva os indivíduos a refletirem sobre sua conexão com o meio ambiente e sua responsabilidade para com as gerações futuras. Ao promover um senso de propósito e interconexão, essa inteligência pode inspirar ações que priorizam a sustentabilidade. Por exemplo:

- Iniciativas educacionais podem integrar a ciência do clima com discussões filosóficas sobre o papel da humanidade na preservação do planeta.

- Projetos liderados pela comunidade podem utilizar narrativas e reflexão para inspirar a gestão ambiental coletiva.

Navegando em Pandemias

Durante crises como a pandemia de COVID-19, a Inteligência Existencial pode ajudar os indivíduos a processarem a incerteza e o medo em torno dos desafios generalizados de saúde. Ela fornece ferramentas para encontrar significado na adversidade, como:

- Incentivar práticas reflexivas como diário ou atenção plena para lidar com a ansiedade e o isolamento.

- Promover um senso de responsabilidade coletiva por meio de discussões sobre tomadas de decisões éticas em saúde e campanhas de vacinação.

Gerenciando a Instabilidade Sociopolítica

Em tempos de agitação sociopolítica, a Inteligência Existencial permite que os indivíduos avaliem criticamente seus valores e tomem decisões informadas. Essa inteligência apoia:

- Programas de educação cívica que promovem o diálogo sobre justiça, igualdade e liderança ética.

- Incentivo à empatia e à compreensão em sociedades polarizadas, explorando valores humanos comuns e preocupações existenciais compartilhadas.

O papel da Educação na Promoção da Inteligência Existencial

Os sistemas educacionais têm uma oportunidade única de cultivar a Inteligência Existencial, integrando abordagens interdisciplinares que abordam os desafios dos mundos VUCA e BANI. As estratégias práticas incluem:

- Projetar currículos que combinem Filosofia, Ética e Estudos Sociais para explorar questões existenciais em contextos contemporâneos.

- Facilitar atividades de aprendizagem experiencial, como projetos de serviço comunitário, que incentivam os alunos a encontrarem significado em suas ações.

- Utilizar literatura, arte e narrativa para conectar os alunos com diversas perspectivas culturais sobre resiliência e propósito.

Em um mundo cada vez mais moldado pela volatilidade, incerteza, complexidade e ambiguidade, a Inteligência Existencial serve como uma ferramenta vital para os indivíduos enfrentarem os desafios modernos. Ao promover uma reflexão profunda, pensamento crítico e busca de significado, essa inteligência ajuda as pessoas a se adaptarem às mudanças nas circunstâncias, mantendo um senso de propósito.

Inteligência Artificial (IA) e Tecnofobia

A inteligência artificial (IA) é a superestrela da ciência da computação, capaz de realizar tarefas que normalmente exigem inteligência humana. Pense em aprendizado de máquina, processamento de linguagem natural e visão computacional - toda a tecnologia avançada que torna seu smartphone mais inteligente do que você se sente antes do café da manhã. A IA tem o potencial de revolucionar a sociedade, desde a automação de tarefas mundanas, como agendamento de reuniões, até o enfrentamento de grandes desafios na medicina, transporte e educação. É o equivalente tecnológico de ter um irmão superdotado.

Descobrindo a Inteligência Existencial

Mas, como acontece com qualquer superstar, a IA vem com sua parcela de bagagem. Dilemas éticos, preocupações com a privacidade e riscos de segurança são apenas a ponta do *iceberg*. Há também a preocupação sempre presente com a automação do trabalho, a discriminação algorítmica e o potencial uso indevido da IA para fins menos nobres. E depois há a história de terror de ficção científica definitiva: IA superinteligente superando as capacidades humanas, provocando debates sobre se seremos nós que a controlaremos ... ou o contrário.

Entra em cena a Tecnofobia - o medo irracional ou aversão à tecnologia. A Tecnofobia existe desde que alguém provavelmente entrou em pânico com a primeira roda. Quando se trata de IA, esse medo pode levar a ceticismo e resistência generalizados, mesmo quando a tecnologia tem o potencial de melhorar significativamente vidas. É como se as pessoas estivessem dizendo: "Claro, a IA pode salvar vidas, mas e se ela acidentalmente pedir 500 pizzas para minha casa?"

Uma grande preocupação é como a IA e a automação podem afetar nosso senso de propósito. Para muitos, o trabalho está intimamente ligado à identidade e à contribuição social. Mas o que acontece quando os robôs começam a assumir os trabalhos que sempre fizemos? Se uma máquina pode realizar seu trabalho mais rápido, melhor e sem precisar de pausas para o café, é fácil sentir que a porta de saída está sendo mostrada a você ... por um robô. Essa interrupção pode levar as pessoas a questionarem seu valor em um mercado de trabalho dominado pela tecnologia.

À medida que a IA continua a evoluir e remodelar a força de trabalho, a sociedade enfrenta o desafio de redefinir o propósito humano. A boa notícia? Ainda há muitas oportunidades em áreas que a IA não pode replicar (ainda). Criatividade, empatia e ética continuam sendo pontos fortes exclusivamente humanos que os robôs, não importa o quão avançados sejam seus algoritmos, não podem realmente incorporar. Além disso, promover a aprendizagem ao longo da vida pode capacitar os indivíduos a se adaptarem a essas mudanças, transformando interrupções na carreira em oportunidades de crescimento.

Nesse contexto, o desenvolvimento da Inteligência Existencial torna-se mais crucial do que nunca. Ele serve como um antídoto para a toca do coelho niilista em que alguns podem cair ao contemplar o futuro da humanidade ao lado da IA. A Inteligência Existencial nos permite fazer as grandes perguntas, refletir sobre nosso propósito e abraçar a mudança com um senso de significado e resiliência. Afinal, embora os robôs possam se destacar em cálculos, eles nunca nos superarão na contemplação dos mistérios da existência - esse é o nosso domínio.

Neurociência Existencial

Também deve ser feita referência à Neurociência Existencial, um campo interdisciplinar que mescla conceitos da Neurociência, Filosofia Existencial e Psicologia Existencial. Ela explora questões relacionadas à existência humana, consciência e o significado da vida através de uma lente neurocientífica. Embora ainda não seja uma disciplina estabelecida com uma base de conhecimento definitiva, ela aborda questões profundas sobre como a Neurociência pode iluminar as experiências humanas de existência e significado. As principais áreas de foco incluem:

Consciência e Cognição

Esta área investiga como o cérebro humano constrói e percebe a realidade, incluindo a autoconsciência e a consciência dos outros. Ela examina como os processos cognitivos - como percepção, memória e pensamento - moldam nossa compreensão da existência e do significado.

Emoções e Valores

Este ramo explora como as emoções e os valores desempenham um papel crucial na formação de nossa experiência de existência. Ele examina os fundamentos neurais das emoções e como elas influenciam a tomada de decisões e a atribuição de significado à vida.

Ansiedade Existencial

A ansiedade existencial refere-se à angústia decorrente da consciência da própria mortalidade e da busca pelo sentido da vida. Este campo busca entender como essa ansiedade é representada no cérebro e como ela influencia o comportamento humano.

Livre Arbítrio e Determinismo

Esta área explora o debate entre livre-arbítrio e determinismo do ponto de vista neurocientífico. Os pesquisadores investigam como as decisões são tomadas no cérebro e se as escolhas são verdadeiramente autônomas ou condicionadas por processos neurais e biológicos.

Psicopatologia Existencial

Este subcampo estuda como as preocupações existenciais se relacionam com condições de saúde mental, como depressão, ansiedade e transtornos do espectro existencial. Ele examina como os desequilíbrios neurais podem afetar a percepção de um indivíduo sobre o significado e o propósito da vida.

Filosofia Existencial e Neurociência

Esta área integra conceitos da Filosofia Existencial, a partir das obras de pensadores como Jean-Paul Sartre, Albert Camus e Martin Heidegger. Suas explorações de questões existenciais profundas fornecem uma base para a investigação neurocientífica sobre a consciência e a construção de significado humano.

É importante notar que a Neurociência Existencial é uma área de pesquisa em evolução, e muitas das questões que ela levanta permanecem sem resposta. Ela prospera na colaboração entre cientistas, filósofos e psicólogos, aprofundando nossa compreensão das experiências humanas relacionadas à existência, consciência e significado a partir de uma perspectiva neurocientífica.

A Experiência da Inteligência Existencial no Brasil: Comparação com a Conscienciologia

O Brasil é um país rico em tradições filosóficas, religiosas e espirituais, tornando-se um terreno fértil para discussões sobre Inteligência Existencial. Entre os vários movimentos intelectuais e espirituais do país, a Conscienciologia – desenvolvida por Waldo Vieira – oferece uma perspectiva singular sobre a consciência humana e as questões existenciais. Enquanto a Inteligência Existencial, conforme conceituada por Howard Gardner, lida com investigações profundas sobre significado, existência e propósito, a Conscienciologia fornece uma base estruturada para explorar a consciência, vidas passadas e multidimensionalidade.

Este capítulo examina a experiência brasileira com a Inteligência Existencial, comparando-a com os princípios da Conscienciologia e analisando as próprias percepções existenciais de Waldo Vieira.

Inteligência Existencial no Brasil: Uma Perspectiva Cultural

A paisagem cultural diversificada do Brasil desempenha um papel significativo na formação de seu envolvimento com questões existenciais. Das tradições indígenas e religiões afro-brasileiras como o candomblé e a umbanda à influência generalizada do catolicismo e do espiritismo, os brasileiros historicamente buscaram respostas para profundas investigações existenciais.

Ao contrário de muitas sociedades ocidentais que abordam questões existenciais principalmente por meio da filosofia ou do pensamento secular, o Brasil integra profundamente a espiritualidade em seu tecido cultural. Isso é evidente em instituições educacionais, comunidades religiosas e até mesmo em conversas cotidianas, onde são comuns discussões sobre o sentido da vida, reencarnação e evolução espiritual. A perspectiva brasileira sobre a Inteligência Existencial tende a ser holística, misturando ciência, filosofia e espiritualidade – uma abordagem que se alinha intimamente com a estrutura da Conscienciologia.

Afinal, no Brasil, questionar o sentido da vida é apenas mais uma atividade de sábado à tarde – logo antes do churrasco e do samba.

A Inteligência Existencial de Waldo Vieira: Pensando Além do Corpo Físico

Figura 2 - Waldo Vieira em Holociclo (Ceaec)
Fonte: http://100fronteiras.com/

Figura 3 - Centro de Altos Estudos da Conscienciologia – Ceaec

(Fonte: https://campusceaec.org/aleia-dos-genios/)

Se a Inteligência Existencial é sobre ponderar as maiores questões da vida, Waldo Vieira poderia ser considerado um dos principais pensadores existenciais do Brasil – exceto que ele não se limitou a apenas fazer perguntas. Ele deu um passo adiante, criando toda uma disciplina dedicada a explorar a consciência além do mundo material.

A Inteligência Existencial de Vieira não se tratava de debater se o copo está meio cheio ou meio vazio. Ele provavelmente teria perguntado: *"De que dimensão é esse copo, e minha consciência escolheu encarnar nesta realidade apenas para beber dele?"* Sua curiosidade intelectual o levou a fazer a transição do Espiritismo – tendo trabalhado em estreita colaboração com Chico Xavier, o médium mais famoso do Brasil – para o desenvolvimento da Conscienciologia, um estudo sistemático da consciência que inclui conceitos como projeções extrafísicas, bioenergias e evolução multidimensional.

A abordagem de Waldo Vieira à Inteligência Existencial era altamente experimental. Enquanto filósofos existenciais tradicionais como Sartre e Camus escreviam sobre o absurdo da existência, Vieira estava ocupado conduzindo experimentos fora do corpo para explorar como era a existência além do reino físico. Quem precisa de pavor existencial quando você pode ter uma projeção astral?

Conscienciologia e Inteligência Existencial: Pontos de Convergência e Divergência

O que é Conscienciologia?

A Conscienciologia, fundada por Waldo Vieira, é um movimento filosófico-científico brasileiro que estuda a consciência para além do corpo físico. Ao contrário da psicologia tradicional ou da neurociência, que se concentram na cognição e no comportamento, a Conscienciologia explora a multidimensionalidade, as bioenergias, as experiências fora do corpo e o conceito de *cursos intermissivos* – planejamento pré-vida da reencarnação.

Dentro da Conscienciologia, Vieira introduziu *a Projeciologia*, uma disciplina que investiga experiências fora do corpo (EFCs) e outros fenômenos parapsíquicos. Ele argumentou que a consciência humana não se limita ao corpo físico e que experiências como projeções lúcidas fornecem uma visão de uma realidade existencial mais ampla.

Semelhanças entre Inteligência Existencial e conscienciologia

1. **Reflexão Profunda sobre a Existência** – Ambas as estruturas incentivam os indivíduos a questionarem o significado da vida, a natureza da existência e seu propósito dentro de uma realidade maior.

47

2. **Autoconhecimento e Desenvolvimento Pessoal** – A Inteligência Existencial enfatiza a introspecção, enquanto a Conscienciologia promove a autopesquisa como meio de entender melhor a própria consciência.

3. **Raciocínio Ético e Moral** – Ambas as perspectivas reconhecem a importância da ética na exploração existencial, seja por meio do referencial de inteligência de Gardner ou da *cosmoética de Vieira* (ética universal baseada na realidade multidimensional).

4. **Integração da Ciência e da Espiritualidade** – A Inteligência Existencial explora as grandes questões da vida sem necessariamente depender da religião, enquanto a Conscienciologia tenta estudar os fenômenos espirituais e existenciais por meio de um paradigma científico.

Principais diferenças

1. **Multidimensionalidade vs. Reflexão Filosófica** – A Inteligência Existencial permanece dentro dos domínios cognitivo e filosófico, enquanto a Conscienciologia estuda ativamente as experiências multidimensionais, a reencarnação e a consciência extrafísica.

2. **Validação Empírica** – A Inteligência Existencial, apesar de seus desafios, visa ser mensurável no âmbito da psicologia cognitiva, enquanto a Conscienciologia se baseia na

experiência pessoal e na exploração subjetiva, dificultando a validação científica.

3. **Propósito da Investigação** – A Inteligência Existencial busca entender *por que* existimos, enquanto a Conscienciologia também explora *como* a consciência evolui em múltiplas vidas e dimensões.

4. **Educação e Disseminação** – A Conscienciologia possui instituições formais que oferecem cursos estruturados, enquanto a Inteligência Existencial continua sendo um conceito teórico aplicado na educação e na psicologia sem um arcabouço institucional dedicado.

Embora a Inteligência Existencial e a Conscienciologia difiram na metodologia e na epistemologia, ambas as perspectivas contribuem para a busca contínua de sentido e autoconsciência na sociedade brasileira. Seja através da contemplação filosófica profunda ou da experimentação direta com a consciência multidimensional, essas estruturas convidam os indivíduos a explorarem as questões fundamentais da existência à sua maneira.

Construindo as Bases: *Insights* Teóricos sobre Inteligência Existencial

Este capítulo descreve as teorias e conceitos fundamentais que sustentam o estudo, fornecendo uma revisão crítica da literatura recente de 2018 a 2023. Ao sintetizar a pesquisa atual, oferece uma contextualização abrangente da Inteligência Existencial e suas interseções com educação, psicologia e tendências sociais mais amplas.

Jogos Digitais em Contextos Educacionais e Inteligências Múltiplas: Abordagens e Contribuições para a Aprendizagem

Os jogos digitais têm sido cada vez mais utilizados como ferramentas educacionais devido ao seu potencial para envolver os alunos de forma ativa e significativa. Em ambientes acadêmicos, eles podem ser projetados para abordar tópicos curriculares específicos, criando um ambiente de aprendizado lúdico e motivador.

Ramos e Martins (2018) exploraram a integração de telas digitais e novas tecnologias em contextos educacionais, que exigem diversas habilidades e envolvem múltiplas inteligências. Seu estudo teve como objetivo identificar como os jogos digitais exercem diferentes formas de inteligência em ambientes educacionais. Para tanto, realizaram pesquisa exploratória com abordagem quantitativa, aplicando um questionário a 58 alunos matriculados no Curso de Extensão em Educação Continuada em Conselhos

Escolares. O objetivo foi avaliar a experiência dos alunos usando um jogo educativo como parte de seus cursos.

Em relação à Inteligência Existencial, os alunos foram questionados se percebiam questões éticas e morais durante o jogo, como um meio de avaliar esse domínio específico da inteligência. Os resultados revelaram que a Inteligência Lógico-Matemática foi a mais utilizada, seguida pela Inteligência Existencial, abstração, Inteligência Espacial e coordenação motora. Os autores concluíram que reconhecer o engajamento de inteligências múltiplas nas interações de jogos digitais reforça o potencial educacional de tais ferramentas e destaca suas diversas aplicações pedagógicas.

A interseção entre jogos digitais e a teoria das Inteligências Múltiplas apresenta uma abordagem promissora para melhorar a aprendizagem. Os jogos digitais podem ser projetados para estimular vários tipos de inteligência, proporcionando desafios que envolvem uma ampla gama de habilidades cognitivas e práticas. Essa abordagem multidimensional tem o potencial de acomodar as diversas necessidades de aprendizagem dos alunos, promovendo uma educação mais abrangente e holística.

Inteligência existencial entre estudantes da Universidade Mundial de Ciências Islâmicas na Jordânia

Al Jaddou (2018) conduziu um estudo investigando a Inteligência Existencial entre estudantes da Universidade Mundial de Ciências Islâmicas na Jordânia. O objetivo primário foi avaliar o grau de Inteligência Existencial entre os participantes e examinar possíveis influências de variáveis como sexo, área de estudo, experiência, estado civil e posição profissional. O estudo contou com a amostra de 56 alunos da Faculdade de Ciências da Educação, utilizando a Escala de Inteligência Existencial adaptada por Zubi et al. (2015).

Os resultados indicaram que os participantes exibiram um grau médio de Inteligência Existencial. Além disso, não foram encontradas diferenças estatisticamente significativas com base em sexo, especialização, experiência, estado civil ou posição profissional. Esses achados sugerem que, no contexto educacional analisado, a Inteligência Existencial não é fortemente influenciada por essas variáveis demográficas e experienciais.

Diferenças em inteligências múltiplas entre estudantes da Universidade de Ciência e Tecnologia da Jordânia

Ayasrah e Aljarrah (2020) conduziram um estudo examinando variações em inteligências múltiplas entre estudantes da Universidade de Ciência e Tecnologia da Jordânia, com foco em fatores como gênero, ano acadêmico e desempenho. A amostra da pesquisa incluiu 349 estudantes de ambos os sexos. A metodologia empregou análise descritiva, utilizando a escala de MacKenzie para inteligências múltiplas, que avaliou nove dimensões, cada uma representada por dez itens.

Os resultados não revelaram diferenças estatisticamente significativas em relação ao sexo ou ano letivo. No entanto, foram observadas diferenças significativas em várias dimensões quando analisadas em relação ao desempenho acadêmico, exceto nos domínios musical e de Inteligência Existencial. O estudo contribuiu para aumentar a autoconsciência dos alunos em relação aos seus pontos fortes intelectuais, ao mesmo tempo em que ofereceu insights para o desenvolvimento de programas acadêmicos destinados a melhorar o desempenho. Esses resultados destacam a complexidade da relação entre inteligências múltiplas e sucesso acadêmico, sugerindo que diferentes inteligências podem influenciar o desempenho dos alunos de maneiras distintas.

O ressurgimento do interesse na Inteligência Existencial: Por Que Agora?

Doze anos depois de introduzir a teoria das Inteligências Múltiplas (1983), Howard Gardner especulou sobre a possibilidade de uma nona inteligência - a *Inteligência Existencial*. Ele a descreveu como a capacidade cognitiva de levantar e ponderar questões filosóficas profundas - questões sobre amor, moralidade, vida e morte - em essência, sobre a natureza e a qualidade da existência. Gardner observou que quase todas as crianças fazem esse tipo de pergunta, embora a maioria dos jovens esteja mais focada em fazê-las do que em contemplar profundamente as possíveis respostas. Ele sugeriu que a investigação existencial é principalmente o domínio de filósofos e líderes religiosos, embora a maioria dos indivíduos se envolva em tal reflexão periodicamente, particularmente quando confrontados com arte e literatura.

Na época, Gardner hesitou em classificar a Inteligência Existencial como uma inteligência totalmente distinta, pois não tinha certeza se ela atendia aos critérios que havia estabelecido para inteligências independentes. Especificamente, ele questionou se tinha uma base neurológica ou biológica, se era uma capacidade cognitiva universal ou uma que emergiu principalmente em sociedades pós-socráticas, e se era realmente uma inteligência separada ou apenas um amálgama de inteligências já reconhecidas - como inteligências Linguística, Lógico-Matemática E Intrapessoal. Além disso, ele insistiu que a Inteligência Existencial não deveria ser confundida com capacidades religiosas, espirituais ou sagradas.

Gardner (2020) revisitou o conceito de Inteligência Existencial, observando um ressurgimento do interesse, principalmente durante a pandemia de COVID-19. Ele observou um aumento significativo nas consultas relacionadas a esse domínio, provavelmente influenciado pelos desafios e incertezas sem precedentes trazidos pela crise global. A pandemia criou condições nas quais muitos indivíduos tiveram mais tempo para autorreflexão, levando a um maior envolvimento com questões existenciais. Questões em torno da vida, morte, vulnerabilidade humana e propósito tornaram-se mais proeminentes, reforçando a relevância da Inteligência Existencial no discurso contemporâneo.

Ele afirmou que alguns estudiosos estavam ansiosos para determinar se a Inteligência Existencial atendia aos critérios necessários para ser oficialmente reconhecida como inteligência. No entanto, ele respondeu que ainda não havia atingido esse status e permanecia em um estado de limbo. Alguns pesquisadores buscaram um teste formal para avaliar essa inteligência, enquanto outros afirmaram que já haviam desenvolvido um. Gardner (2020) esclareceu que não havia criado nenhum desses testes, mas expressou sua disposição de fornecer *feedback* àqueles que enviaram avaliações de amostra.

Em relação à suposição de certos escritores de que a Inteligência Existencial já havia sido estabelecida como um fenômeno legítimo - e que era sinônimo de Inteligência "Espiritual" ou "Religiosa" - Gardner argumentou o contrário. Ele sustentou que a *Inteligência Existencial* envolve levantar e contemplar questões profundas, que *podem ou não* incluir temas espirituais ou religiosos. Por exemplo, ponderar sobre a vastidão do universo ou refletir sobre o significado de um único grão de areia também cairia em seu domínio.

Uma Avaliação Válida da Teoria das Inteligências Múltiplas: Problemas de Qualidade Metodológica em Estudos de Intervenção

Em um estudo realizado por Ferrero, Vadillo e Léon (2021), os pesquisadores tiveram como objetivo avaliar o impacto de intervenções relacionadas às Inteligências Múltiplas no desempenho acadêmico. Essas intervenções buscaram aplicar a teoria em contextos educacionais para melhorar a aprendizagem e o desenvolvimento dos alunos. Para avaliar sua eficácia, os pesquisadores analisaram estudos que mediram quantitativamente o impacto das intervenções baseadas em Inteligências Múltiplas no desempenho acadêmico usando um projeto pré-pós com um grupo de controle.

A revisão sistemática incluiu 39 estudos em inglês envolvendo 3.009 alunos da pré-escola ao ensino médio em 14 países diferentes. No entanto, a análise revelou falhas metodológicas significativas nos estudos revisados. Entre os problemas mais notáveis estavam o pequeno tamanho da amostra e a ausência de grupos de controle ativos. Além disso, muitos estudos careciam de informações detalhadas sobre as ferramentas de medição utilizadas e as atividades específicas realizadas durante as intervenções.

Os autores concluíram que uma avaliação válida das intervenções baseadas em Inteligências Múltiplas permanece impossível devido a essas deficiências metodológicas. A ausência de dados robustos sobre ferramentas de medição, atividades de intervenção e potencial viés de publicação tem dificultado uma compreensão clara da eficácia das metodologias inspiradas na Inteligências Múltiplas em ambientes educacionais. Consequentemente, a partir desse momento, as evidências empíricas que sustentam a existência distinta de Inteligências Múltiplas permaneceram fracas.

Consumismo versus a cultura da Inteligência Existencial

A sociedade moderna é caracterizada pelo domínio do consumismo, onde a aquisição de bens, serviços e experiências se torna um foco central da vida das pessoas. O consumismo é alimentado pela publicidade, influência da mídia e pressões sociais que promovem a noção de que a felicidade e o sucesso são alcançáveis por meio do consumo material. No entanto, essa busca muitas vezes leva a um sentimento superficial de realização, onde a aquisição contínua de posses substitui a busca mais profunda por significado e propósito.

A Inteligência Existencial, conforme introduzida por Gardner (1983), abrange a capacidade de explorar questões profundas sobre a existência, o significado e o propósito da vida. Envolve investigação filosófica e existencial que se estende além da gratificação imediata associada ao consumismo. A busca por significado é um aspecto intrínseco da experiência humana, pois os indivíduos buscam entender seu lugar no mundo e cultivar um senso mais profundo de propósito.

Um estudo de Elena Nedelcu (2021) examinou os desafios que os indivíduos enfrentam para encontrar significado existencial em uma sociedade voltada para o consumo. A autora argumentou que o consumismo muitas vezes promove uma ilusão de autossuficiência e realização, onde a busca pela riqueza material é confundida com uma busca genuína por um propósito. No entanto, essa busca superficial frequentemente deixa pouco espaço para uma profunda reflexão existencial, levando a uma desconexão dos aspectos mais profundos da vida.

O estudo levanta a questão de saber se o consumismo serve como uma barreira genuína ao desenvolvimento da Inteligência Existencial. Além disso, a autora explora a ideia de que promover a consciência da Inteligência Existencial pode fornecer uma solução para os dilemas colocados pelo consumismo. Ao priorizar a busca por significado e propósito, a sociedade pode contrabalançar os efeitos negativos do consumismo desenfreado e redirecionar seu foco para atividades mais profundas e significativas.

A Escala de Inteligência Existencial e suas Implicações para a Avaliação Preliminar da Insegurança Ontológica

Fernandes (2021) propôs a Escala de Inteligência Existencial (EIS – Existential Intelligence Scale), um instrumento projetado para medir a capacidade de um indivíduo de se envolver em introspecção em relação a elementos existenciais fundamentais, como morte, origens e a natureza da realidade. A EIS, composta por 12 itens, foi desenvolvida em resposta à insatisfação da autora com as escalas existenciais anteriores, que, em sua opinião, não conseguiram captar adequadamente a complexidade da exploração existencial. A criação da EIS refletiu um compromisso de avaliar a Inteligência Existencial com maior profundidade e precisão.

O estudo também abordou o debate sobre a incorporação da espiritualidade na avaliação da Inteligência Existencial. A autora argumentou que, embora a espiritualidade seja um aspecto significativo da experiência humana, sua inclusão na escala de Inteligência Existencial apresenta desafios. As escalas anteriores lutaram para integrar elementos espirituais de forma eficaz, já que a espiritualidade geralmente envolve crenças sobrenaturais e perspectivas religiosas. A autora citou Gardner (2000), que compartilhava preocupações semelhantes, enfatizando a falta de evidências empíricas que apoiassem fenômenos sobrenaturais e destacando a necessidade de distinguir entre crenças pessoais e os aspectos fenomenológicos da espiritualidade.

A EIS demonstrou consistência interna e estabeleceu correlações significativas com depressão e estresse, mas não com ansiedade. Essas descobertas sugerem uma conexão entre a exploração existencial e certos aspectos do bem-estar psicológico, ressaltando a relevância da Inteligência Existencial nas discussões sobre saúde mental. No entanto, o estudo reconheceu suas limitações e enfatizou a necessidade de pesquisas futuras para explorar ainda mais a relação entre Inteligência Existencial, espiritualidade e outras construções psicológicas.

Comportamento Pró-Ambiental e Inteligência Existencial

O comportamento pró-ambiental refere-se a ações individuais que demonstram preocupação com o meio ambiente e compromisso com sua preservação e sustentabilidade.

O programa Adiwiyata é uma iniciativa do Ministério do Meio Ambiente da Indonésia que visa promover a conscientização e conservação ambiental entre os alunos. As escolas Adiwiyata adotam práticas ecologicamente sustentáveis e educam os alunos sobre a importância da preservação ambiental desde cedo. O programa busca capacitar os alunos a se tornarem defensores ambientais ativos e agentes de mudança em suas comunidades.

Um estudo conduzido por Susana Adi Astuti, Andreas Lakero e Margaretha Sih Setija Utami (2021) examinou a relação entre Inteligência Existencial e comportamento pró-ambiental entre alunos de escolas Adiwiyata e não Adiwiyata. Um total de 1.539 alunos do ensino médio de Semarang participaram do estudo entre abril e junho de 2021. Os dados foram analisados pelo método estatístico não paramétrico de Mann-Whitney. A ideia de que a Inteligência Existencial pode estar ligada à consciência ambiental e ao comportamento pró-ambiental é intrigante, pois a exploração existencial pode promover uma apreciação mais profunda da interconexão entre os indivíduos e seu ambiente.

O estudo introduziu uma nova perspectiva sobre a previsão do comportamento pró-ambiental por meio da Inteligência Existencial. A hipótese sugeriu que alunos com maior Inteligência Existencial podem estar mais inclinados a adotar comportamentos que promovam a conservação ambiental. Isso ocorre porque a exploração existencial pode levar a uma maior sensibilidade às questões ambientais e a uma compreensão mais profunda do papel do indivíduo na manutenção do ecossistema.

Os resultados da pesquisa indicaram que os alunos das escolas Adiwiyata demonstraram níveis mais altos de Inteligência Existencial e comportamento pró-ambiental em comparação com os alunos de escolas não Adiwiyata. Essa descoberta sugere uma possível conexão entre a abordagem educacional do programa

Adiwiyata - enfatizando a consciência ambiental - e o desenvolvimento da Inteligência Existencial dos alunos.

Inteligência Existencial entre Estudantes Universitários: A Influência do Gênero e do Nível de Estudo

Um estudo de Anshuman Sharma e Arbind Kumar Jha (2021) concentrou-se na avaliação da Inteligência Existencial entre estudantes universitários e não universitários, explorando variações com base no gênero e no nível de estudo. A análise de gênero teve como objetivo determinar se homens e mulheres apresentam diferenças estatisticamente significativas em sua capacidade de pensamento existencial. Da mesma forma, o estudo investigou se os alunos em diferentes níveis acadêmicos - pós-graduação, graduação e ausência de graduação - apresentam variações significativas na Inteligência Existencial.

Para atingir esses objetivos, os pesquisadores utilizaram a Escala de Capacidade de Pensamento Existencial (ETAS - Existential Thinking Capacity Scale) como instrumento de avaliação em uma amostra de 102 alunos. Os resultados não revelaram diferenças estatisticamente significativas na Inteligência Existencial entre os alunos com base no gênero ou nível acadêmico. Em outras palavras, não havia evidências que sugerissem que homens e mulheres, ou alunos em diferentes estágios educacionais, apresentassem diferenças significativas em sua capacidade de se envolver com questões existenciais.

Inteligência Existencial e o Quociente de Adversidade: Promovendo Aprendizes Inteligentes

Em contextos de adversidade – como a pandemia de COVID-19 – as capacidades inerentes à Inteligência Existencial podem desempenhar um papel crucial na adaptação e resiliência dos indivíduos ao enfrentar desafios complexos. A pandemia trouxe interrupções generalizadas, afetando não apenas a saúde física, mas também o bem-estar mental, emocional, social e espiritual. A perda de vidas e empregos, juntamente com a interrupção das rotinas diárias, criou um ambiente de adversidade que exigiu uma abordagem holística para lidar com o enfrentamento.

Em seu estudo de 2022, Paramasivam et al. exploraram a Inteligência Existencial como uma forma de adaptação espiritual em tempos de crise. Os autores propuseram que a Inteligência Existencial poderia ajudar os indivíduos a encontrarem significado e autorrealização em meio às dificuldades, encorajando-os a apreciar os momentos da vida por meio de perspectivas espirituais e religiosas.

O estudo examinou a relação entre a Inteligência Existencial e o Quociente de Adversidade (QA). Os autores identificaram conexões entre Quociente de Inteligência (QI), Quociente Emocional (QE) e Quociente Espiritual (QS), sugerindo que as competências intrapessoais relacionadas à Inteligência Existencial contribuem para a capacidade dos indivíduos de navegarem pela adversidade de forma eficaz.

Descobrindo a Inteligência Existencial

Os pesquisadores argumentaram que explorar a Inteligência Existencial e suas aplicações poderia promover a autorrealização e o bem-estar, mesmo durante crises como a pandemia de COVID-19. Aprofundar nossa compreensão de como a Inteligência Existencial influencia o QA é essencial para reconhecer como os aspectos espirituais e existenciais podem aumentar a resiliência em situações desafiadoras.

Quem Somos Nós como Humanos? Uma Questão Levantada pela Inteligência Existencial

A busca para entender a identidade e a existência de alguém tem sido um tema central ao longo da história. Questões sobre o lugar da humanidade no universo e a essência da existência humana foram exploradas em várias culturas, filosofias e tradições. A busca contínua por respostas para questões fundamentais - como *Quem somos?* e *Qual é o nosso propósito?* - reflete o desejo inato da humanidade de compreender o núcleo da existência.

Um artigo de Anshuman Sharma e Arbind Kumar Jha (2022) examinou a natureza intrínseca da Inteligência Existencial e seu papel em provocar uma reflexão profunda sobre questões existenciais. A Inteligência Existencial é caracterizada por sua capacidade de encorajar os indivíduos a contemplarem aspectos da vida que transcendem as experiências sensoriais cotidianas, levando-os a explorar questões profundas e multifacetadas sem respostas simples.

Os autores destacaram a natureza única da Inteligência Existencial, argumentando que ela não pode ser confinada a definições rígidas. Em vez disso, eles a descreveram como um conceito que conecta os indivíduos às realidades epistemológicas e metafísicas. A Inteligência Existencial promove a contemplação de questões existenciais vastas e sutis, como demonstrado por figuras históricas e pensadores como Buda, Sartre, Sagan e Frankl, que exploraram profundamente a existência humana e seu significado.

O estudo examinou ainda várias perspectivas teóricas sobre a Inteligência Existencial. Gardner (1999) a propôs como um potencial biopsicológico, e Jaddou (2018) a conceituou como uma modalidade multidimensional. Enquanto isso, Neisser et al. (1996) abordaram a Inteligência Existencial como um agente de processamento de informações, ao passo que Bühner et al. (2008) e Stadler et al. (2015) a consideraram uma habilidade de resolução de problemas.

O artigo enfatizou que a Inteligência Existencial poderia permitir que os indivíduos vivessem autenticamente, imbuindo situações aparentemente sem sentido com propósito. Essa capacidade de reflexão profunda e introspecção permite que as pessoas enfrentem desafios e crises existenciais com uma perspectiva mais profunda e informada. Por meio da Inteligência Existencial, os indivíduos podem transcender a busca de respostas imediatas e explorar as dimensões mais profundas e sutis da existência.

Sobre a Experiência de Significação no Trabalho e Nas Organizações: Contribuições da Logoterapia e da Análise Existencial

A relação entre os indivíduos e seu trabalho tem sido uma questão crucial na sociedade contemporânea, pois uma parcela significativa da vida humana é dedicada às atividades profissionais. O investimento de tempo, energia e dedicação no local de trabalho é substancial, levando a expectativas crescentes em relação à realização profissional. Dada essa importância, o artigo *"Sobre a Experiência de Sentido no Trabalho e nas Organizações: Contribuições da Logoterapia e da Análise Existencial"* de Rafael Rebouças Andrade, Márcia Fernanda Moreno dos Santos Ferreira e Rickardo Léo Ramos Gomes (2023) fornece uma exploração abrangente de como a Logoterapia e a Análise Existencial contribuem para a compreensão do trabalho e da vida organizacional.

No cerne do artigo está a centralidade do sentido da vida, conforme enfatizado pela Logoterapia e pela Análise Existencial. Essas abordagens destacam como os indivíduos entendem e atribuem significado às suas ações, relacionamentos e interações em ambientes profissionais. A Logoterapia, desenvolvida por Viktor Frankl, e a Análise Existencial oferecem uma estrutura conceitual para explorar as experiências humanas no local de trabalho.

Os pesquisadores empregaram uma abordagem qualitativa por meio de uma revisão narrativa para examinar as conexões entre os princípios fundamentais da Logoterapia e da Análise Existencial e sua relevância para os ambientes de trabalho modernos. Essa metodologia possibilitou uma análise aprofundada de como esses conceitos moldam a experiência de trabalho e a cultura organizacional.

As descobertas do estudo ressaltaram o profundo impacto do pensamento analítico existencial quando aplicado ao significado do trabalho e dos ambientes organizacionais. Uma conclusão importante foi a necessidade de promover locais de trabalho mais humanos – aqueles que reconhecem e valorizam a dimensão existencial dos funcionários, aumentando assim a realização e o significado desses ambientes.

Esta pesquisa contribui para uma reavaliação da relação entre significado e trabalho na sociedade contemporânea, incentivando uma reflexão mais profunda sobre as interações entre indivíduos e organizações. Através das lentes da Logoterapia e da Análise Existencial, os autores defendem uma maior contemplação do propósito e significado nas atividades relacionadas ao trabalho, promovendo uma visão mais holística e centrada no ser humano da vida profissional.

Escala de Niilismo Existencial (ENS): Teoria, Desenvolvimento e Avaliação Psicométrica

O Niilismo Existencial - a crença de que a existência carece de significado inerente e que os esforços para atribuir significado são, em última análise, inúteis - é uma perspectiva filosófica complexa que influenciou a história cultural e intelectual. No entanto, seu impacto na saúde mental e na sociedade em geral permaneceu pouco explorado devido à ausência de uma estrutura científica para medição. O artigo *"A Escala de Niilismo Existencial (ENS): Teoria, Desenvolvimento e Avaliação Psicométrica"* de Jeremy Forsythe e Myriam Mongrain (2023) busca preencher essa lacuna introduzindo a Escala de Niilismo Existencial (ENS - Existential Nihilism Scale), uma ferramenta projetada para quantificar essa construção filosófica.

Os autores definiram o Niilismo Existencial como uma visão de mundo que afirma a ausência de sentido na vida, rejeitando qualquer tentativa de impor significado à existência. A trajetória histórica do niilismo na filosofia e na cultura é complexa e muitas vezes ambígua. Apesar de sua influência intelectual, seus efeitos na saúde mental e no bem-estar social permaneceram relativamente não examinados devido à falta de uma ferramenta de avaliação padronizada.

Para lidar com essa limitação, os autores desenvolveram a Escala de Niilismo Existencial (ENS), um instrumento de oito itens meticulosamente projetada para medir o construto com precisão. A escala foi criada seguindo rigorosas diretrizes psicométricas e teóricas para garantir sua validade e confiabilidade.

Para avaliar a ENS, os autores realizaram dois estudos paralelos, um com uma amostra de estudantes universitários e outro com um grupo de base comunitária. Esses estudos avaliaram vários aspectos da escala, incluindo qualidade dos itens, estrutura interna e múltiplas formas de validade, como validade convergente, concorrente, discriminante e incremental. Os resultados demonstraram que a ENS possui propriedades psicométricas robustas, confirmando sua eficácia como uma ferramenta confiável para avaliar o Niilismo Existencial.

A ENS surge como um instrumento promissor para pesquisas futuras que exploram o impacto do niilismo existencial na saúde mental, bem-estar e resultados sociais. Sua introdução avança significativamente a compreensão científica e a medição dessa complexa postura filosófica, oferecendo informações valiosas sobre como as perspectivas niilistas moldam as experiências humanas.

O Niilismo Existencial contrasta diretamente com o conceito de Inteligência Existencial. No entanto, os *insights* do desenvolvimento da ENS podem ser valiosos na construção de uma escala para avaliar a Inteligência Existencial como um domínio dentro da teoria das Inteligências Múltiplas.

Abordagem Metodológica para Avaliar a Inteligência Existencial

O referencial metodológico para este estudo baseia-se em princípios estabelecidos para identificação e validação de inteligências, conforme delineado por Gardner (1983) e refinado por Kornhaber, Fierros e Veneema (2004). Ao aplicar esses critérios à Inteligência Existencial, a metodologia busca avaliar até que ponto esse domínio proposto se alinha com a teoria mais ampla das Inteligências Múltiplas. As etapas a seguir descrevem a abordagem abrangente adotada nesta investigação:

Etapa 1: Aplicando os Critérios de Gardner à Inteligência Existencial

Os critérios de Gardner para identificar uma inteligência incluem evidências neurológicas, operações centrais, história evolutiva, trajetórias de desenvolvimento e representação simbólica, entre outros. A aplicação desses critérios à Inteligência Existencial envolve os seguintes processos:

- **Base Neurológica**: Revisão de estudos neuropsicológicos para identificar regiões cerebrais potencialmente ligadas ao pensamento existencial, como o córtex pré-frontal ou áreas associadas ao raciocínio abstrato e introspecção.

- **Operações Centrais**: Analisar a capacidade de se envolver com questões existenciais - como o significado da vida, mortalidade e propósito - como processos cognitivos fundamentais.

- **Evidências Culturais e Históricas**: Examinar como os temas existenciais surgiram consistentemente em culturas e períodos históricos, enfatizando sua universalidade e significado no desenvolvimento humano.

- **Trajetória de Desenvolvimento**: Investigar se a Inteligência Existencial se manifesta no início da infância, como Gardner sugere para inteligências estabelecidas, e como ela evolui ao longo da vida de um indivíduo.

- **Representação Simbólica**: Explorar como os conceitos existenciais são expressos por meio da literatura, arte, filosofia e tradições religiosas, demonstrando sua integração nos sistemas simbólicos humanos.

Etapa 2: Definindo as Características da Alta Inteligência Existencial

Indivíduos com altos níveis de Inteligência Existencial exibem características distintas, incluindo:

- **Pensamento Reflexivo**: Uma forte tendência a contemplar profundamente questões abstratas e filosóficas.

- **Sensibilidade ao Propósito e Significado**: Uma inclinação para buscar significado nas experiências de vida e uma maior consciência de seu significado existencial.

- **Raciocínio Ético e Moral**: A capacidade de considerar dilemas éticos e questões de justiça, muitas vezes refletindo sobre as implicações mais amplas de suas escolhas.

- **Perspectiva Interconectada**: capacidade de perceber conexões entre si mesmo, os outros e o universo, promovendo empatia e um senso de existência compartilhada.

Esta etapa sintetiza as descobertas da literatura existente e estudos de caso para estabelecer um perfil de indivíduos com Inteligência Existencial aumentada.

Etapa 3: Análise dos Questionários Psicométricos Existentes

Como a Inteligência Existencial envolve aspectos complexos e abstratos da cognição humana, projetar um teste preciso para medi-la continua sendo um desafio. Os testes de inteligência tradicionais avaliam habilidades quantificáveis, enquanto a Inteligência Existencial está enraizada na reflexão profunda sobre o significado da vida. Esta etapa examina as escalas existentes e suas limitações, incluindo:

- **A Escala do Pensamento Existencial** (Allan & Shearer, 2012)
- **A Escala Adaptada para o Pensamento Existencial** (Zubi et al., 2015)
- **A Escala de Inteligência Existencial** (Fernandes, 2021)
- **O Inventário de Inteligência Múltipla** (McKenzie, 1999)

Uma análise comparativa destaca os pontos fortes e as limitações de cada escala. Para aumentar a neutralidade, a terminologia religiosa foi reformulada em termos mais filosóficos ou existenciais, garantindo ampla aplicabilidade em diversos sistemas de crenças.

Etapa 4: Proposta de Questionários Psicométricos

São introduzidos dois novos instrumentos psicométricos, adaptados a diferentes faixas etárias:

- **Questionário para Adolescentes e Adultos (20 itens):**

    Este instrumento avalia, de forma abrangente, a Inteligência Existencial, com foco em domínios como raciocínio ético, busca de propósito e pensamento reflexivo. Os 20 itens incorporam cenários e prompts que incentivam os entrevistados a articularem seus processos de pensamento.

- **Questionário para Crianças (5 itens):**

    Reconhecendo o estágio de desenvolvimento de indivíduos mais jovens, este questionário mais curto simplifica temas existenciais em perguntas acessíveis, como explorar seus pensamentos sobre o propósito ou sua relação com a natureza e os outros.

Ambas as ferramentas são estruturadas para facilitar futuros estudos de validação, garantindo que atendam a rigorosos padrões psicométricos e sejam adaptáveis em contextos culturais.

Essa abordagem metodológica fornece uma estrutura sistemática e abrangente para o avanço do estudo da Inteligência Existencial. Ao aplicar os critérios de Gardner, definir características centrais, analisar criticamente as ferramentas existentes e propor novos instrumentos psicométricos, este estudo estabelece as bases para uma validação empírica adicional e aplicações práticas. Em última análise, essa metodologia une *insights* teóricos com ferramentas acionáveis, aprimorando nossa compreensão da Inteligência Existencial e sua relevância em diversos ambientes educacionais e sociais.

Examinando os Critérios para a Inteligência Existencial e suas Implicações

Critérios para Identificar uma Inteligência

Como mencionado anteriormente, a Teoria das Inteligências Múltiplas de Howard Gardner introduziu a ideia de Inteligência Existencial – que, sejamos honestos, soa como o tipo de inteligência que você desenvolve depois de um longo pensamento no banho ou uma conversa profunda às 2 da manhã. Ao contrário de inteligências bem estabelecidas, como a inteligência lógico-matemática ou linguística, a Inteligência Existencial ainda permanece na sala de espera acadêmica, aguardando por mais reconhecimento. Como não é tão claramente definida quanto suas contrapartes mais populares, é crucial descrevê-la da forma mais completa possível, seguindo de perto as diretrizes de Gardner.

Gardner (1983) e Kornhaber, Fierros e Veneema (2004) estabeleceram oito critérios para identificar uma inteligência como distinta, conforme descrito na tabela a seguir:

Tabela 1. Critérios para Identificar uma Inteligência

Critérios para Identificar uma Inteligência
1. Deve ser observada em relativo isolamento entre prodígios, indivíduos com autismo, vítimas de AVC ou outras populações excepcionais. Em outras palavras, certos indivíduos devem exibir níveis excepcionalmente altos ou baixos de uma habilidade específica em comparação com outras capacidades cognitivas.
2. Deve ter uma representação neural distinta - o que significa que sua estrutura e funcionamento neural devem ser distinguíveis de outras faculdades humanas importantes.
3. Deve seguir uma trajetória de desenvolvimento única, com diferentes inteligências se desenvolvendo em taxas variadas e ao longo de caminhos separados.
4. Deve ter uma base na biologia evolutiva. Em outras palavras, uma inteligência deve ter uma presença prévia em primatas ou outras espécies e demonstrar valor potencial de sobrevivência.
5. Deve ser capaz de ser representada por meio de sistemas de símbolos, como os usados na educação formal ou informal.
6. Deve ser apoiada por evidências de testes de inteligência psicométrica.
7. Deve ser distinguível de outras inteligências por meio de tarefas psicológicas experimentais.
8. Deve demonstrar um sistema central de processamento de informações, o que significa que deve haver processos mentais identificáveis que lidam especificamente com informações relacionadas a essa inteligência.

Fonte: Gardner (1983); Kornhaber, Fierros, & Veneema (2004).

Analisando Cada Critério em Relação à Inteligência Existencial

Personalidades com Alto Nível de Inteligência Existencial

"Deve ser vista em relativo isolamento em prodígios, indivíduos com autismo, vítimas de derrame ou outras populações excepcionais. Em outras palavras, certos indivíduos devem demonstrar níveis particularmente altos ou baixos de uma habilidade particular em contraste com outras capacidades."

Não é surpreendente que muitas das figuras mais influentes da história possam ser consideradas como possuidoras de alta Inteligência Existencial. Filósofos renomados como Platão, Aristóteles, Immanuel Kant e Friedrich Nietzsche, juntamente com pensadores contemporâneos como Stephen Hawking e Richard Dawkins, exploraram extensivamente tópicos relacionados à Inteligência Existencial. Do ponto de vista científico, essa inteligência é evidente em estudos sobre as origens do universo, a consciência e os mistérios da realidade.

As grandes questões existenciais - aquelas relativas à existência humana, realidade e significado - têm sido objeto de profunda reflexão e debate ao longo da história. Abaixo estão algumas das principais questões existenciais e os pensadores que contribuíram para elas:

- **O sentido da vida e o propósito da existência:**

  o O psiquiatra austríaco Viktor Frankl explorou a busca por significado e propósito em seu livro *Man's Search for Meaning.*

- **A natureza da realidade e da existência:**

  o O filósofo alemão Martin Heidegger examinou a existência humana e a natureza da realidade em *Being and Time.*

  o O filósofo francês Jean-Paul Sartre abordou temas de liberdade, responsabilidade e condição humana em *Being and Nothingness.*

- **A relação entre a humanidade e o divino:**

  o O teólogo e filósofo medieval São Tomás de Aquino explorou a fé, a razão e a existência de Deus em *Summa Theologica.*

  o O filósofo dinamarquês Søren Kierkegaard abordou a fé, a ansiedade e a existência individual em obras como *The Sickness Unto Death* and *Fear and Trembling.*

- **A questão da mortalidade e a busca de sentido:**

  o O filósofo francês Albert Camus discutiu o absurdo da vida e a luta por sentido em *The Stranger and The Myth of Sisyphus.*

- **A busca da felicidade e realização pessoal:**

  o O filósofo grego Epicuro propôs uma filosofia centrada na busca da felicidade e da satisfação pessoal, conhecida como *Epicureanism.*

- **A relação entre mente e corpo e a natureza da consciência:**

  o O filósofo e matemático francês René Descartes explorou a relação mente-corpo e a natureza da consciência em sua famosa declaração: *"Cogito, ergo sum"* (Penso, logo existo).

Figuras Religiosas e Inteligência Existencial

Líderes religiosos proeminentes ao longo da história também demonstraram alta Inteligência Existencial. Alguns exemplos notáveis incluem:

- **Buda:** O fundador do Budismo, seu nome significa literalmente *"aquele que está acordado".* Nascido no Nepal, ele ensinou na Índia entre os séculos VI e IV a.C., enfatizando a busca de verdades mais elevadas.

- **Jesus Cristo:** Como a figura central do Cristianismo, Jesus desafiou o *status quo* da Jerusalém do primeiro século, apresentando a crença em um ser superior - Deus - que incorpora a verdade eterna.

- **Santo Agostinho:** Um dos primeiros teólogos cristãos, Santo Agostinho inspirou-se fortemente na filosofia de

Platão, defendendo que a vida deveria ser gasta em busca de verdades abstratas mais elevadas além das imperfeições do mundo físico.

A tabela a seguir destaca ainda mais indivíduos adicionais reconhecidos por seu alto nível de Inteligência Existencial.

Tabela 2: Personalidades com Alto Nível de Inteligência Existencial

Personalidades	Contribuições	Conexão com I Ex
Sócrates	Filósofo grego, Método Socrático	Faça perguntas cada vez mais profundas para a compreensão da verdade
Platão	Filósofo grego, verdade abstrata	A verdade mais elevada e completa que testemunhamos na vida real
Friedrich Nietzsche	Filósofo alemão e filólogo	Precursor do Movimento Existencialista
Karl Jasper	Filósofo alemão	A preocupação direta do homem com sua própria existência
Simone de Beauvoir	Escritora francesa	Relaciona argumentos fenomenológico-existenciais
Wayne Dyer	Autor e palestrante americano	Aspectos Espirituais da experiência humana e potencial para viver uma vida extraordinária

Fonte: Paramasivam et al, 2022 (adaptada).

Diante do exposto, é evidente que a Inteligência Existencial pode ser observada em relativo isolamento entre prodígios e outros indivíduos excepcionais. Os números mencionados nesta seção demonstraram níveis significativamente altos de Inteligência Existencial em comparação com a população em geral, alcançando notável destaque em suas respectivas épocas.

Estrutura e Funcionamento Neural

"Deve ter uma representação neural distinta - isto é, sua estrutura neural e funcionamento devem ser distinguíveis dos de outras grandes faculdades humanas."

A estrutura neural refere-se à organização e arranjo das células nervosas, ou neurônios, dentro do sistema nervoso. O sistema nervoso consiste em bilhões de neurônios que se conectam para formar circuitos complexos e redes de comunicação, permitindo o processamento de informações e o controle sobre várias funções corporais. A estrutura neural descreve como essas células nervosas são organizadas e como elas interagem umas com as outras.

A estrutura neural é altamente especializada e varia em diferentes partes do sistema nervoso, incluindo o cérebro, a medula espinhal e os nervos periféricos. As principais características da estrutura neural incluem:

- **Neurônios**: As unidades fundamentais do sistema nervoso, os neurônios são células especializadas responsáveis pela transmissão de sinais elétricos e químicos. Eles consistem em dendritos (que recebem sinais), um corpo celular (onde ocorre o processamento) e um axônio (que transmite sinais para outras células) (Santos, 2002).

- **Sinapses:** Estas são as conexões entre os neurônios. Nas sinapses, os neurônios se comunicam liberando neurotransmissores, que influenciam a atividade elétrica das células vizinhas (Santos, 2002).

- **Circuitos Neurais:** São padrões específicos de conexões neurais dedicadas a funções específicas. Por exemplo, os circuitos neurais regulam a visão, o movimento, a linguagem e várias habilidades cognitivas e motoras (Tafner, 1998).

- **Áreas do Cérebro**: A estrutura neural do cérebro é dividida em regiões distintas, cada uma responsável por funções específicas. Por exemplo, o córtex frontal está associado ao planejamento e controle motor, enquanto o córtex temporal desempenha um papel crucial no processamento auditivo e na compreensão da linguagem (Santos, 2002).

Figura 4. Funções especializadas do córtex

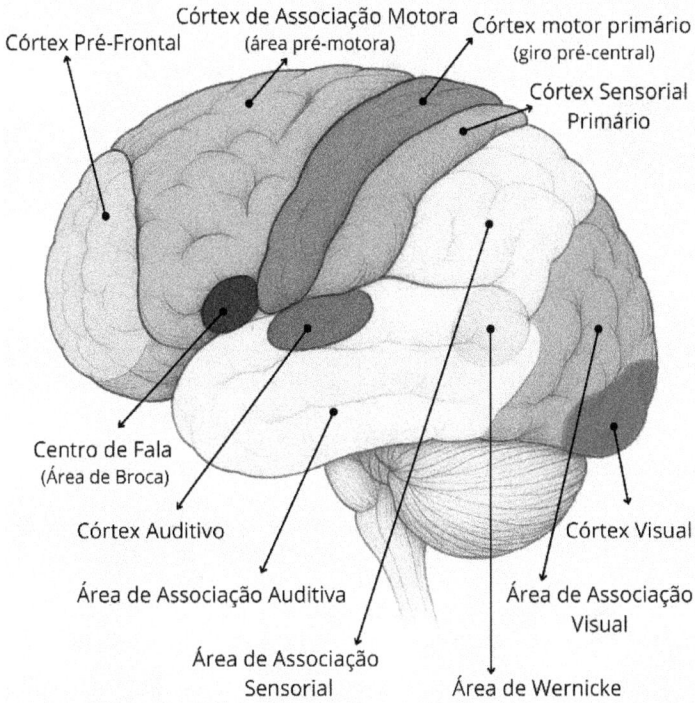

Córtex Pré-Frontal

Córtex de Associação Motora (área pré-motora)

Córtex motor primário (giro pré-central)

Córtex Sensorial Primário

Centro de Fala (Área de Broca)

Córtex Auditivo

Córtex Visual

Área de Associação Auditiva

Área de Associação Visual

Área de Associação Sensorial

Área de Wernicke

Área Cortical	Função
Córtex Pré-Frontal	Planejamento, emoção, julgamento
Córtex de Associação Motora (área pré-motora)	Coordenação de movimentos complexos
Córtex Motor Primário (giro pré-central)	Iniciação do comportamento motor
Córtex Sensorial Primário	Recebe informações táteis do corpo (toque, vibração, temperatura, dor)
Área de Associação Sensorial	Processamento de informações multissensoriais
Área de Associação Visual	Processamento complexo de informações visuais
Córtex Visual	Detecção simples de estímulo visual
Centro de Fala (Área de Broca)	Produção e articulação da fala
Córtex Auditivo	Detecção de intensidade sonora
Área de Associação Auditiva	Processamento e memória de informações auditivas complexas
Área de Wernicke	Compreensão da linguagem

Fonte: Santos (2002), p. 17, adaptado.

Núcleos e Tratos

No sistema nervoso central, os neurônios geralmente se agrupam em núcleos, que são grupos de células nervosas que compartilham funções semelhantes. Os tratos são feixes de fibras nervosas que conectam diferentes regiões do cérebro ou da medula espinhal, facilitando a comunicação entre elas.

A estrutura neural é altamente adaptável e plástica, o que significa que pode ser modificada ao longo da vida em resposta a experiências, aprendizados e demandas ambientais (Santos, 2002). A pesquisa neurocientífica visa entender a estrutura neural em detalhes, explorando sua relação com as funções cognitivas e comportamentais, bem como como as mudanças estruturais podem contribuir para distúrbios neurológicos e psiquiátricos.

Rodrigues (2022) examinou inteligências múltiplas, identificando as áreas cerebrais ativadas para cada uma. No entanto, a Inteligência Existencial não foi incluída nessa classificação. Os *insights* de seu estudo, que se concentram em outras inteligências, fornecem uma direção valiosa para esta pesquisa e são apresentados na tabela a seguir:

Tabela 3. Tipos de inteligência e áreas ativadas do cérebro.

Inteligência	Descrição	Personalidades	Áreas cerebrais ativadas
Lógico-Matemática	Resolução de problemas lógicos e matemáticos; uso de raciocínio dedutivo e cálculos; relativa ao QI e linguagem elevados; relacionada ao conceito original de inteligência e QI, envolvendo	Cientistas, políticos, empresários, investidores.	Área de Broca, Córtex Pré-frontal, Lobo Parietal Esquerdo e Hemisfério Temporal e Associação Occipital Adjacente para nomeação verbal. Ambos os hemisférios para

	cálculos, criação de fórmulas matemáticas, raciocínio.		organização espacial. Sistema Frontal para planejamento e definição de objetivos. Associada ao nível de GABA e Glutamato no cérebro.
Linguística	Habilidade verbal, uso de palavras de forma afetiva oral ou escrita, facilidade de aprender línguas, escrever, ler e na retórica.	Líderes, vendedores e escritores.	Córtex Pré-Frontal, Área de Broca no Córtex Frontal Inferior esquerdo, Área de Wernicke no Lobo Temporal Esquerdo, Lobo Parietal Inferior, Lobo e Sulco Lateral (Fissura de Sylvius). Associada à Dopamina.
Espacial	Capacidade de pensar em três dimensões, projetar imagens com a mente, modificando-as, decodificando-as ou produzindo-as. Relaciona-se com a capacidade de modelar eventos e o mundo de uma forma mental, como uma simulação.	Profissionais criativos.	Hemisfério direito do cérebro. O Córtex Parietal Posterior (PPC), uma área do cérebro frequentemente associada ao planejamento do movimento e à consciência espacial, também desempenha um papel crucial na tomada de decisões sobre imagens no campo de visão. O Córtex Visual,

			o Córtex Sensorial, o Lobo Parietal, o Córtex Pré-Frontal e o Córtex Cingulado são capazes de se relacionarem uns com os outros. Associada à alta concentração de Serotonina.
Musical	Sensibilidade em perceber sons, músicas, transformá-los, defini-los e interpretá-los. Nos músicos, relaciona-se com a Teoria Do Ouvido Absoluto, ou seja, a capacidade de reconhecer notas apenas ouvindo sua frequência. Também está relacionada à capacidade de aprender e tocar instrumentos.	Músicos e produtores.	Hemisfério Direito - 39% no Lobo Frontal e 24% no Lobo Temporal. No Lobo Parietal 12%, Subcortical 9% e Cerebelo 8%. Córtex Motor, Córtex Pré-Frontal, Lobo Parietal Inferior, Giro Frontal Inferior e Córtex Temporal Superior. Associada à Norepinefrina e à Dopamina.
Corporal-Cinestésica	Uso do corpo para expressar ideias e sentimentos. Capacidade de usar as mãos e a coordenação motora. Envolve autocontrole corporal e destreza para manipular objetos, e possui destreza e capacidade de	Profissões que exigem movimento como ferramenta, assim como futebol, basquete, médico-cirurgião e dançarino.	Hemisfério Esquerdo, Córtex Pré-Frontal, Área Motora, Tálamo, Gânglios da Base e Cerebelo. Associada à Norepinefrina e à Dopamina.

	usar habilidades motoras em esportes, artes cênicas ou plásticas. Aqui a habilidade corporal, o equilíbrio e a aprendizagem motora estão correlacionados.		
Interpessoal	Capacidade de sentir empatia pelas pessoas. Compreensão de expressões faciais, voz, gestos, postura, etc. Criação de laços de cordialidade e pertencimento.	Profissões que trabalham com empatia como psicólogo e psicanalista.	Lobos Frontais, conexão Córtex Pré-Frontal - Sistema Límbico. Regiões cerebrais como o Córtex Pré-Frontal Ventromedial e o Córtex Medial Orbitofrontal, relacionadas aos processos com os quais o cérebro avalia algo, estão associadas à empatia. Associada à Ocitocina (OXI) e GABA.
Intrapessoal	Construção de autoavaliação com precisão. Reflexão, autocompreensão e autoestima. Por outro lado, quando não há inteligência intrapessoal, é mais provável que você adquira condições de	-	Rede de Modo Padrão - Lobo Frontal (Córtex Pré-Frontal), Sistema Límbico e Ínsula. Associada à Dopamina e Serotonina.

		Biólogos, veterinários e naturalistas. É possível que pintores e desenhistas possam ter essa inteligência bem desenvolvida, facilitando o trabalho de observação e transferência de lapsos de memória, traduzindo-se em desenho através do Córtex Motor.	
depressão e outros distúrbios.			
Naturalista	Classificação, diferenciação e uso do ambiente. Observação, reflexão e consideração sobre o meio ambiente. Está relacionada ao pertencimento, à associação entre o próprio corpo e a natureza em geral.	Biólogos, veterinários e naturalistas. É possível que pintores e desenhistas possam ter essa inteligência bem desenvolvida, facilitando o trabalho de observação e transferência de lapsos de memória, traduzindo-se em desenho através do Córtex Motor.	Córtex Pré-Frontal, Lobo Parietal Esquerdo para discriminar entre seres vivos e não vivos e Lobo Occipital. Associada à Serotonina.

Fonte: Elaboração própria com base em informações de Rodrigues (2022)

Inteligência Geral e Redes Cerebrais

A inteligência geral não está associada a uma única região do cérebro, mas é formada por uma rede de conexões cerebrais que se comunicam por meio da substância branca. Essa estrutura é conhecida como Rede Parietal-Frontal, que inclui o Córtex Pré-Frontal Dorsolateral, Lobo Parietal, Córtex Cingulado Anterior e várias regiões dos Lobos Temporal e Occipital (Rodrigues, 2022; Goriounova & Mansvelder, 2019).

A taxonomia da inteligência geral consiste em inteligência fluida, inteligência cristalizada, memória e aprendizagem, percepção visual, percepção auditiva, capacidade de recuperação de informações, velocidade cognitiva e velocidade de processamento de informações (Colom, Karama, et al., 2010).

- **A Inteligência Fluida** está ligada ao Córtex Pré-Frontal Lateral e ao Lobo Parietal, ativando principalmente o hemisfério esquerdo, com o Córtex Posterior desempenhando um papel central (Rodrigues, Wagner & Barth, 2022).

- **A Inteligência Cristalizada** está associada ao Lobo Temporal, particularmente ao Córtex Parahipocampal (Zamroziewicz, Paul, et al., 2016).

- **A Memória e o Aprendizado** envolvem o Lobo Temporal Medial, o Estriado, o Neocórtex, a Amígdala e o Cerebelo (Spencer, Waters, et al., 2008).

- **A Percepção Visual** envolve as Regiões Frontal e Parietal, juntamente com o Córtex Visual na Região Occipital (Ganis, Thompson & Kosslyn, 2004).

- **A Percepção Auditiva** está ligada ao Córtex Auditivo, com a região frontal contribuindo para a consciência auditiva e o

Córtex Temporal Inferior desempenhando um papel importante (Brancucci, Franciotti, et al., 2011).

- **A Capacidade de Recuperação de Informações** está associada ao Córtex Pré-Frontal Medial, Lobo Parietal Esquerdo, Hipocampo, Amígdala e Cerebelo (Friedman, Nessler & Johnson Jr, 2007).

- **A Velocidade Cognitiva e a Velocidade de Processamento de Informações** são influenciadas, principalmente, pela substância branca, que é essencial para a conectividade de alto desempenho entre as regiões do cérebro. O Lobo Parietal Posterior Esquerdo desempenha um papel fundamental nessa função (Turken, Whitfield-Gabrieli & Bammer, 2008).

A Teoria Triárquica da Inteligência

Rodrigues (2022) também descreveu a Teoria Triárquica da Inteligência, que categoriza a inteligência em três grandes grupos: prática, criativa e analítica.

- **A Inteligência Prática** refere-se à capacidade de interagir com sucesso com o mundo externo e a vida cotidiana. Assemelha-se muito às inteligências Naturalista, Intrapessoal, Interpessoal e Lógica.
  - **Regiões cerebrais envolvidas:** Lobo Occipital, Sistema Límbico, Córtex Pré-Frontal.

- o **Principais Neurotransmissores:** Dopamina, Norepinefrina, Serotonina.
- **A Inteligência Criativa** aplica conhecimento internalizado para gerar novas soluções. Ela se alinha com as inteligências Linguística, Auditiva, Naturalista e Musical.
  - o **Regiões Cerebrais Envolvidas:** Áreas Frontal (Córtex Pré-Frontal), Parietal, Occipital e Límbica.
  - o **Principais Neurotransmissores:** Dopamina, Norepinefrina, Serotonina.
- **A Inteligência Analítica** está associada ao alto QI e resolução lógica de problemas.
  - o **Regiões cerebrais envolvidas:** Centro de Broca, Córtex Pré-Frontal, Lobo Parietal Esquerdo, Hemisfério Temporal, Área Occipital.
  - o **Principais neurotransmissores:** GABA, Glutamato.

Neurotransmissores e Inteligência

Rodrigues (2022) explorou ainda mais como os neurotransmissores facilitam a inteligência influenciando as funções cognitivas:

- **A Dopamina** é liberada pela Área Tegmental Ventral e atinge o Sistema de Recompensa por meio da interação com a Região Cortical, orientando as decisões em direção a objetivos de alto valor.

- **A Serotonina** é sintetizada no Núcleo da Rafe e viaja pelo Sistema Nervoso Central (SNC), promovendo bem-estar, emoções positivas e maior velocidade de aprendizado.

- **A Norepinefrina** é produzida no tronco cerebral e regula funções-chave, como atenção, memória e pressão arterial.

- Outros neurotransmissores essenciais incluem Acetilcolina, Glutamato e GABA, todos os quais desempenham papéis cruciais na atividade cerebral.

Apesar dos neurotransmissores reagirem naturalmente aos estímulos, indivíduos inteligentes podem modular consciente ou inconscientemente suas interações cerebrais a seu favor.

Inteligência Existencial e Funções Cerebrais

Ao analisar a Inteligência Existencial, Gardner (2006a) hesitou em classificá-la como uma inteligência totalmente reconhecida devido à falta de evidências diretas ligando regiões específicas do cérebro a um questionamento existencial profundo. Ele levantou a hipótese de que o Lobo Inferotemporal pode conter regiões cruciais para o processamento de questões existenciais profundas. Gardner também especulou sobre a possibilidade de uma Inteligência Existencial residir profundamente nos Lobos Temporais.

Os Lobos Temporais são regiões cerebrais essenciais responsáveis pela percepção auditiva, memória, processamento da linguagem e regulação emocional. O Lobo Inferotemporal, localizado perto da base do cérebro, desempenha um papel vital no reconhecimento visual e na memória de longo prazo.

Ao comparar a análise preliminar de Gardner com a pesquisa de Rodrigues (2022) e considerando que a Inteligência Existencial engloba a reflexão filosófica, a autoconsciência e uma compreensão profunda da existência, infere-se que várias regiões cerebrais podem estar envolvidas, incluindo:

- **Córtex Pré-frontal:** Responsável pelo planejamento, tomada de decisão, autocontrole e introspecção.

- **Córtex Cingulado:** Desempenha um papel no monitoramento de conflitos cognitivos, regulação emocional, processamento de erros e autoconsciência.

- **Córtex Temporal:** Particularmente o **Lobo Temporal Medial**, que está envolvido na memória, cognição social e processamento semântico profundo.

- **Córtex Parietal:** Associado à percepção espacial, processamento sensorial, atenção e senso de identidade pessoal.

- **Amígdala e Hipocampo:** Estruturas-chave para processar emoções, memórias emocionais e eventos significativos da vida.

- **Córtex Occipital:** Envolvido principalmente no processamento visual, que pode contribuir para a interpretação de conceitos abstratos complexos.

É essencial reconhecer que cognição, inteligência e autorreflexão são processos altamente intrincados que envolvem interações dinâmicas em várias regiões do cérebro.

Em uma hipótese surpreendente, Crick e Clark (1994) identificaram o Cingulado Anterior - especificamente o Sulco Cingulado Anterior - como um provável candidato ao centro do livre-arbítrio em humanos. Crick baseou essa sugestão em exames de pacientes com lesões específicas que pareciam interferir em seu senso de vontade independente, como aqueles que sofrem da síndrome da mão alienígena.

O Córtex Cingulado Anterior está localizado na região frontal do cérebro e está envolvido em funções de nível superior, como alocação de atenção, antecipação de recompensas, tomada de decisão, ética e moralidade, controle de impulsos (por exemplo, monitoramento de desempenho e detecção de erros) e emoção (Rodrigues, 2022).

Allman et al. (2006) propuseram que o Córtex Cingulado Anterior é uma especialização do Neocórtex, e não um estágio mais primitivo da evolução cortical. Funções centrais para o comportamento inteligente - como autocontrole emocional, resolução focada de problemas, reconhecimento de erros e respostas adaptativas a mudanças nas condições - estão intimamente ligadas à regulação emocional dentro dessa estrutura. Evidências que apoiam o papel do córtex cingulado anterior nessas funções foram acumuladas por meio de registro de neurônio único, estimulação elétrica, EEG, PET, fMRI e estudos de lesões.

O córtex cingulado anterior contém uma classe de neurônios fusiformes encontrados apenas em humanos e grandes símios, constituindo uma especialização evolutiva recente provavelmente relacionada a essas funções cognitivas. As células fusiformes parecem estar amplamente conectadas a várias regiões do cérebro e podem desempenhar um papel crucial na coordenação, o que é essencial para desenvolver a capacidade de se concentrar em problemas complexos. Além disso, esses neurônios emergem durante o período pós-natal e sua sobrevivência pode ser aumentada ou diminuída por fatores ambientais, como enriquecimento ou estresse, potencialmente influenciando o autocontrole emocional e as habilidades de resolução de problemas de um indivíduo na idade adulta.

O Córtex Cingulado Anterior é particularmente envolvido quando tarefas cognitivas de esforço são necessárias, como durante o aprendizado inicial e a resolução de problemas.

No nível celular, o Córtex Cingulado Anterior é único em sua abundância de neurônios especializados chamados células fusiformes, ou neurônios de von Economo. Essas células, que são um desenvolvimento evolutivo relativamente recente, são encontradas apenas em humanos, outros primatas, cetáceos e elefantes, reforçando a ideia de que essa região do cérebro é altamente especializada para lidar com desafios cognitivos complexos (Allman, Hakeem, et al., 2006).

Dado seu papel no livre arbítrio, ética, moralidade, resolução de problemas, respostas adaptativas à mudança e capacidade de se concentrar em problemas complexos, o Córtex Cingulado Anterior pode ser um forte candidato para abordar questões existenciais.

Apesar do extenso mapeamento das áreas cerebrais apresentado neste trabalho, mais pesquisas, particularmente envolvendo experimentos de laboratório e ressonância magnética, são necessárias para delinear com precisão como o cérebro se envolve na Inteligência Existencial.

Trajetória de Desenvolvimento

"Deve ter uma trajetória de desenvolvimento distinta. Ou seja, diferentes inteligências devem se desenvolver em taxas diferentes e ao longo de caminhos diferentes."

Diferentes formas de inteligência se desenvolvem de forma única, cada uma seguindo sua própria trajetória. Isso sugere que não se deve esperar que os indivíduos desenvolvam todas as formas de inteligência da mesma maneira ou no mesmo ritmo.

O desenvolvimento da Inteligência Existencial geralmente começa com a curiosidade e o interesse por questões filosóficas. Isso pode surgir em qualquer idade, mas frequentemente ocorre durante a adolescência ou a idade adulta jovem, quando os indivíduos começam a questionar profundamente o mundo ao seu redor e buscam respostas para preocupações existenciais.

No entanto, de acordo com Gardner (2006a), em sociedades onde o questionamento é incentivado, as crianças levantam questões existenciais desde tenra idade, embora nem sempre ouçam atentamente as respostas. Além disso, mitos e contos de fadas podem despertar um fascínio precoce por temas existenciais. A exposição infantil a contos de fadas lidos pelos pais, livros ilustrados e certos filmes infantis pode estimular o interesse por essas questões profundas.

O estudo da filosofia, literatura, religião e ética desempenha um papel significativo no desenvolvimento da Inteligência Existencial. Isso envolve a leitura de obras de filósofos renomados, explorando a literatura existencialista e textos religiosos e examinando diversas perspectivas sobre dilemas morais e éticos.

Muitas vezes essa forma de inteligência se desenvolve por meio da reflexão pessoal e da contemplação profunda. Os indivíduos se envolvem em momentos de introspecção, ponderando o propósito de suas próprias vidas, seus valores e o significado de suas experiências.

Envolver-se em um diálogo significativo com outras pessoas que compartilham interesses filosóficos ou existenciais pode ser altamente enriquecedor. Tais discussões incentivam a troca de ideias, desafiam as crenças existentes e expandem a compreensão das questões existenciais.

À medida que os indivíduos enfrentam desafios na vida, experimentam grandes mudanças e vivenciam momentos cruciais, eles podem obter uma compreensão mais profunda das questões existenciais. Experiências pessoais, como a perda de um ente querido ou uma experiência de quase morte (EQM), podem levar a reflexões profundas sobre a mortalidade e a impermanência da vida. Esse tipo de contemplação foi notavelmente prevalente durante a pandemia de COVID-19.

A busca por significado e propósito na vida é central para a Inteligência Existencial. Essa busca pode influenciar as escolhas de carreira, inspirar a participação em trabalhos voluntários ou estimular um envolvimento mais profundo com práticas espirituais ou religiosas.

Por outro lado, um indivíduo agnóstico que estuda o universo e a Cosmologia pode descobrir que a ciência oferece caminhos poderosos para o desenvolvimento da Inteligência Existencial, demonstrando que essa inteligência não está necessariamente ligada a crenças espirituais ou religiosas.

A Inteligência Existencial é um processo em constante evolução. À medida que os indivíduos amadurecem e acumulam experiências de vida, suas perspectivas sobre questões existenciais podem mudar e se aprofundar.

É importante notar que o desenvolvimento da Inteligência Existencial é único para cada pessoa e pode ocorrer em várias fases da vida. Além disso, nem todos cultivam essa inteligência no mesmo grau, pois depende de interesses pessoais, motivações e oportunidades de aprendizado. No entanto, o desenvolvimento da Inteligência Existencial pode levar a uma vida mais rica e significativa.

Essa inteligência parece se desenvolver em um ritmo distinto, independente de outras inteligências, seguindo seu próprio caminho de evolução.

Biologia Evolutiva

"Deve ter alguma base na biologia evolutiva. Em outras palavras, uma inteligência deve ter uma instanciação prévia em primatas ou outras espécies e um valor de sobrevivência putativo."

A noção de "Inteligência Existencial" não é amplamente reconhecida na Biologia Evolutiva ou em qualquer outro campo científico. Em vez disso, a inteligência é normalmente discutida em termos de habilidades cognitivas – a capacidade de aprender, resolver problemas, adaptar-se ao ambiente e tomar decisões complexas.

A evolução da Inteligência Cognitiva continua sendo um tópico de pesquisa e debate em andamento na Biologia Evolutiva. A principal teoria que explica o desenvolvimento da inteligência em organismos vivos é a Teoria da Seleção Natural de Charles Darwin. De acordo com essa teoria, a inteligência evoluiu devido a pressões seletivas, o que significa que indivíduos com características que aumentavam sua capacidade de sobreviver e se reproduzir tinham uma vantagem evolutiva.

No entanto, a Inteligência Cognitiva não surgiu repentinamente em uma única espécie. Em vez disso, acredita-se que diferentes aspectos da inteligência, como habilidades de aprendizado e resolução de problemas, tenham evoluído gradualmente em várias espécies. Os primatas, incluindo os humanos, são conhecidos por suas capacidades cognitivas avançadas em comparação com muitas outras espécies. Todavia, não há "instanciação prévia" reconhecida de Inteligência Existencial em primatas ou qualquer outra espécie na literatura científica.

A sobrevivência e o sucesso reprodutivo de uma espécie estão frequentemente ligados à sua capacidade de se adaptar ao seu ambiente e superar desafios específicos. Como resultado, a inteligência cognitiva, em suas muitas formas, pode ter sido favorecida pela seleção natural em várias espécies, incluindo primatas. Contudo, a inteligência é uma característica altamente complexa e multifacetada, influenciada por vários fatores, como ecologia, dieta e interações sociais.

Em resumo, a Inteligência Existencial não é um conceito comumente reconhecido na biologia evolutiva. Em vez disso, a evolução da inteligência é geralmente discutida em termos de inteligência cognitiva, que provavelmente se desenvolveu em várias espécies por meio da seleção natural e outros processos evolutivos.

Flávia Ceccato

Traçando o Possível Surgimento da Inteligência Existencial

Apesar dessas limitações, exploraremos as principais conquistas evolutivas de nossos ancestrais que podem fornecer indicações iniciais do surgimento da Inteligência Existencial nos tempos antigos.

De acordo com Becoming Human (2023), as primeiras invenções conhecidas de nossos ancestrais foram ferramentas de pedra. Essas ferramentas permitiram que os hominídeos acessassem a medula óssea e processassem carne e outros alimentos, marcando um salto cognitivo, já que poucos animais são capazes de fazer e usar ferramentas. As primeiras ferramentas de pedra, descobertas em Lomekwi, datam de aproximadamente 3,4 milhões de anos. Além disso, ossos de animais com marcas de açougueiro foram encontrados em Dikika, um pouco mais recentemente, com cerca de 3,3 milhões de anos.

Cerca de 2 milhões de anos atrás, os hominídeos do gênero Homo começaram a desenvolver uma adaptação notável - cérebros maiores. Todos os primatas possuem cérebros relativamente grandes em proporção ao tamanho do corpo, mas a expansão observada nos hominídeos do início do Pleistoceno (2,5 milhões a 780.000 anos atrás) excedeu em muito a de outros primatas. Cérebros maiores requerem mais energia, o que significa que esses primeiros hominídeos precisavam de dietas ricas em calorias e nutrientes para sustentar seu desenvolvimento neural. Essa tendência de aumento do tamanho do cérebro e cognição aprimorada lançou as bases para a evolução dos humanos modernos, tornando nossa espécie a forma de vida mais intelectualmente avançada e dominante da Terra (Becoming Human, 2023).

Por milhões de anos, nossos ancestrais viveram, evoluíram e sobreviveram no continente africano, onde nossa espécie acabou surgindo. Embora os ambientes, ecossistemas e pressões que moldam vidas variem ao longo do tempo e do espaço, a África continua sendo o berço de nossa linhagem. Evidências fósseis indicam que os primeiros hominídeos se aventuraram além da África há pelo menos 1,8 milhão de anos. Esses primeiros exploradores, pertencentes à espécie *Homo erectus*, migraram para fora da África em várias ondas. Fósseis de *Homo erectus* descobertos em Dmanisi, Geórgia, datam de 1,8 milhão de anos atrás, sugerindo que a migração começou ainda mais cedo. As razões exatas de seu movimento permanecem incertas, mas é possível que tenham seguido rebanhos de animais migratórios (Becoming Human, 2023).

Se essa teoria se sustentar, então, rastreando rebanhos migratórios, o *Homo erectus* pode ter começado a compreender a vastidão do mundo além de seu ambiente familiar. Alternativamente, ele pode ter embarcado na migração devido à sua própria curiosidade, buscando o desconhecido. Qualquer um dos cenários pode indicar as primeiras sementes da Inteligência Existencial - uma consciência de um mundo além de sua experiência imediata.

Flávia Ceccato

O Uso do Fogo e o Pensamento Existencial Inicial

Evidências de uso esporádico do fogo aparecem no registro arqueológico há 1,5 milhão de anos, com sedimentos queimados preservados em locais antigos. Inicialmente, o fogo pode ter sido naturalmente inflamado por um raio. No entanto, o uso controlado do fogo, com lareiras designadas, só apareceu há cerca de 800.000 anos. O fogo proporcionou vantagens significativas de sobrevivência, incluindo calor, proteção contra predadores, iluminação e capacidade de cozinhar alimentos. Embora o consumo de carne já fosse uma parte crucial da evolução dos hominídeos, o uso controlado do fogo para cozinhar não surgiu até cerca de 120.000 anos atrás. Cozinhar aumentou a biodisponibilidade de nutrientes, simplificou o processamento de alimentos e ajudou a eliminar patógenos da carne (Becoming Human, 2023).

Isso levanta uma questão convincente: antes de aprenderem a controlar o fogo, os hominídeos já se perguntavam sobre suas origens? Testemunhar relâmpagos e incêndios subsequentes despertou a curiosidade sobre sua causa? Nesse caso, esse período pode representar outro marco no desenvolvimento da Inteligência Existencial: os primeiros humanos questionando as forças da natureza e seu lugar no mundo.

A descoberta de ferramentas de pedra tratadas termicamente e lascadas no sul da África, datada de cerca de 70.000 anos atrás, sugere que a capacidade dos primeiros humanos de resolver problemas complexos pode ter se desenvolvido ao lado de sua linhagem genética moderna. Nessa época, eles estavam se beneficiando dos abundantes e previsíveis recursos alimentares marinhos ao longo da costa. Pedras macias chamadas silcrete tiveram que passar por tratamento térmico para endurecê-las para sílex. Se as pedras fossem superaquecidas, elas se tornavam quebradiças; se não aquecidas o suficiente, elas não quebravam bruscamente. Esse processo intrincado indica que os primeiros humanos modernos que viviam em cavernas no ponto mais ao sul da África possuíam a capacidade cognitiva de replicar essa técnica e provavelmente transmitiram seus conhecimentos a outras pessoas de seu grupo (Becoming Human 2023).

A capacidade de resolver problemas complexos também se conecta às questões profundas colocadas pela Inteligência Existencial, que envolve a capacidade de pensar além do convencional e buscar respostas ou soluções inovadoras.

Entre 250.000 e 50.000 anos atrás, os primeiros enterros surgiram, alinhando-se, aproximadamente, com o período Paleolítico Médio (250.000 a 30.000 anos atrás) na Eurásia. Restos esqueléticos da Idade da Pedra Média na África, atribuídos ao *Homo sapiens primitivo*, mostram alguma forma de modificação *post-mortem*, embora a maioria não possa ser classificada como enterro formal. Uma exceção é a Caverna da Fronteira 3. Além disso, um crânio de Herto, na Etiópia, datado de cerca de 160.000 anos, exibe modificações em sua superfície óssea. Os primeiros enterros humanos modernos conhecidos vieram do Lago Mungo, na

Austrália, onde um enterro raso e restos cremados de outro indivíduo datam de cerca de 40.000 anos atrás. Na Europa, alguns dos primeiros enterros do Paleolítico Superior (50.000 a 10.000 anos atrás) foram encontrados nas cavernas de Mladec, na República Tcheca, há aproximadamente 31.000 anos. Os conhecidos enterros de *Cro-Magnon*, considerados sinônimos dos primeiros humanos modernos, datam de cerca de 28.000 anos atrás no abrigo rochoso de Cro-Magnon, na França (Becoming Human 2023).

As práticas funerárias tinham um profundo significado cultural e espiritual para muitas sociedades antigas, muitas vezes refletindo crenças sobre a vida após a morte, a alma e o papel do indivíduo na comunidade. O ato de enterrar os mortos força uma sociedade a confrontar questões fundamentais sobre a existência humana, o propósito e a possibilidade de vida após a morte. Isso pode servir como outra indicação precoce do surgimento da Inteligência Existencial.

Os registros escritos deixados pelas primeiras civilizações, aproximadamente 5.400 anos atrás, fornecem informações valiosas sobre suas vidas diárias, visão de mundo e desenvolvimentos culturais. A primeira cultura conhecida a desenvolver a escrita foram os mesopotâmicos, que usavam uma escrita pictográfica chamada cuneiforme. Esse sistema de escrita, inscrito em tábuas de argila com um estilete feito de juncos secos, permitia que os humanos expressassem ideias através do tempo e do espaço. A escrita permitiu que as informações fossem transmitidas indiretamente, facilitando o compartilhamento generalizado de conhecimento e o acúmulo de sabedoria entre gerações e culturas (Becoming Human 2023).

Essa capacidade de transmitir ideias por meio da linguagem escrita demonstra uma preocupação com o futuro e o legado deixado para trás - um aspecto intimamente ligado à Inteligência Existencial.

Em resumo, embora o conceito de "Inteligência Existencial" não seja amplamente reconhecido nas disciplinas científicas, a inteligência é geralmente examinada em termos cognitivos. A evolução da Inteligência Cognitiva é um tópico bem discutido, com a Teoria da Seleção Natural de Charles Darwin fornecendo uma estrutura para seu desenvolvimento. No entanto, o surgimento da Inteligência Existencial continua sendo um assunto mais especulativo e intrincado. Os achados arqueológicos oferecem vislumbres de suas origens potenciais, como inovações tecnológicas, expansões territoriais, domesticação do fogo e as primeiras práticas de sepultamento, que sugerem reflexões precoces sobre a vida após a morte. Esses marcos destacam a crescente complexidade da cognição humana e sua inclinação para uma investigação existencial profunda. No entanto, a compreensão da Inteligência Existencial continua sendo um desafio contínuo, aberto à reinterpretação e ao debate à medida que novas descobertas lançam luz sobre os mistérios da história humana.

Captura em Sistemas de Símbolos

"Deve ser suscetível à captura em sistemas de símbolos, do tipo usado na educação formal ou informal."

Dizer que uma forma de inteligência deve ser suscetível à captura em sistemas de símbolos - como aqueles usados na educação formal ou informal - significa que ela deve ser expressa, compreensível e ensinável por meio de representações simbólicas. Esses símbolos incluem palavras, números, gráficos, notações matemáticas, diagramas e outras formas de linguagem estruturada.

Isso implica que a inteligência em questão pode ser sistematicamente comunicada e transmitida a outras pessoas de maneira organizada. Capturar inteligência dentro de sistemas de símbolos é fundamental para a educação, permitindo que conhecimentos e habilidades sejam passados de uma geração para outra, de professores para alunos e de várias fontes de informação para os alunos.

A matemática serve como um excelente exemplo de inteligência que é bem capturada em sistemas de símbolos. Conceitos matemáticos, que vão desde aritmética básica até cálculos avançados, são expressos por meio de símbolos e fórmulas que podem ser ensinados em sala de aula, documentados em livros didáticos e disseminados de maneira estruturada. Os alunos aprendem a usar esses símbolos para resolver problemas, realizar cálculos e entender teorias abstratas.

Da mesma forma, a linguagem é outra forma de inteligência que é efetivamente representada por meio de sistemas de símbolos. A linguagem escrita permite a transmissão estruturada de ideias, narrativas e informações, garantindo a continuidade entre culturas e gerações.

Contudo, nem todas as formas de inteligência se prestam igualmente à representação simbólica. Alguns tipos de conhecimento ou habilidades são mais difíceis de capturar e transmitir por meio de símbolos. Por exemplo, a Inteligência Emocional – abrangendo a capacidade de reconhecer, compreender e gerenciar as próprias emoções, bem como as dos outros – não é tão facilmente expressa em sistemas formais, embora as habilidades emocionais ainda possam ser desenvolvidas e ensinadas por meio da aprendizagem contextual e experiencial.

Em conclusão, a capacidade de encapsular a inteligência em sistemas de símbolos é crucial para sua comunicação e instrução eficazes, particularmente em ambientes educacionais. No entanto, algumas formas de inteligência são mais facilmente estruturadas e transmitidas por meio de símbolos do que outras, destacando a importância de diversas abordagens na educação e no desenvolvimento humano.

Quando se trata de Inteligência Existencial, que envolve uma reflexão profunda sobre questões fundamentais da existência humana, como o propósito da vida, a morte e a investigação filosófica, sua captura em sistemas de símbolos é mais desafiadora em comparação às formas tradicionais de Inteligência Cognitiva. No entanto, aspectos da Inteligência Existencial ainda podem ser abordados e ensinados em contextos educacionais formais e informais por meio de uma abordagem multidisciplinar e personalizada. Abaixo estão alguns exemplos:

Filosofia e Ética

A Inteligência Existencial geralmente se relaciona com questões filosóficas e éticas. Cursos de Filosofia, Ética e estudos religiosos fornecem uma plataforma para explorar essas questões profundas. Os alunos podem ler textos filosóficos, analisar dilemas éticos e participar de discussões sobre tópicos existenciais.

Literatura e Artes

Literatura, Poesia e Artes frequentemente exploram temas existenciais. Estudar obras literárias e artísticas que abordam preocupações humanas profundas pode ajudar os alunos a refletirem sobre esses temas e expressarem suas próprias ideias por meio da escrita e da criação artística.

Estudos Interdisciplinares

Os programas educacionais interdisciplinares podem integrar campos como Filosofia, Psicologia, Religião, Literatura e Sociologia para explorar questões existenciais de maneira abrangente.

Meditação e *Mindfulness*

Praticar meditação e atenção plena promove a autoconsciência e a contemplação. Essas práticas podem ser incorporadas em programas educacionais para incentivar a reflexão e a introspecção.

Discussões em Grupo

Facilitar discussões abertas sobre questões existenciais pode envolver efetivamente os alunos. O diálogo aberto e o debate ajudam a explorar diferentes perspectivas e aprofundar sua compreensão das questões existenciais.

Narrativas Pessoais

Incentivar os alunos a escreverem narrativas pessoais sobre suas experiências e reflexões existenciais permite que eles expressem simbolicamente suas próprias jornadas e entendimentos.

Aconselhamento e Orientação

Profissionais treinados em aconselhamento e mentoria podem desempenhar um papel crucial na educação formal e informal, fornecendo apoio e orientação a indivíduos que exploram questões existenciais pessoais.

Recursos Multimídia

Ferramentas educacionais, como vídeos, podcasts e apresentações, podem transmitir efetivamente conceitos e ideias relacionadas à Inteligência Existencial.

É importante reconhecer que a Inteligência Existencial é altamente individualizada e subjetiva. Não há respostas definitivas para muitas das questões que levanta. O objetivo não é necessariamente encontrar verdades absolutas, mas promover a reflexão, a exploração e a busca de significado pessoal. As abordagens educacionais devem ser sensíveis às crenças e valores individuais dos alunos, respeitando as diversas perspectivas existenciais.

Testes Psicométricos para Medir a Inteligência Existencial

"Deve ser apoiada por evidências de testes psicométricos de inteligência."

Desde que Gardner introduziu a ideia de Inteligência Existencial, vários pesquisadores desenvolveram testes para medi-la, alguns até mesmo submetendo seu trabalho ao próprio Gardner. Em uma postagem em seu blog (Gardner, 2020), ele mencionou que forneceria *feedback* se alguém lhe enviasse um teste para avaliação.

Allan e Shearer (2012) desenvolveram a **Escala de Pensamento Existencial** (SET - *Scale for Existential Thinking*), que mede a tendência de um indivíduo a explorar preocupações fundamentais da existência humana e se envolver na construção de significado. As propriedades psicométricas da SET, composta por 11 itens, foram avaliadas em dois estudos, demonstrando uma estrutura fatorial unidimensional e forte confiabilidade em amostras de estudantes e adultos. A SET também apresentou validade de construto por meio de correlações com medidas relacionadas ao sentido da vida, curiosidade e outras variáveis existenciais.

Jaddou (2018) examinou a Inteligência Existencial entre estudantes da Universidade Mundial de Ciências Islâmicas na Jordânia usando uma versão adaptada da Escala de Inteligência Existencial originalmente desenvolvida por Zubi et al. (2015). Essa escala foi derivada da SET de Allan e Shearer (2012).

Sharma e Jha (2021) desenvolveram a **Escala de Capacidade de Pensamento Existencial** (ETAS - *Existential Thinking Capacity Scale*), um questionário de 18 itens usando uma escala Likert de 5 pontos. Professores de universidades indianas validaram a escala e o próprio Howard Gardner a revisou. Os pesquisadores incorporaram sugestões de Gardner e professores universitários, refinando a linguagem e as dimensões da escala. A ETAS foi considerada unidimensional, com um coeficiente de confiabilidade alfa de Cronbach de $\alpha = 0,84$ (determinado usando o SPSS). No entanto, a escala em si não pôde ser localizada por meio de buscas *online*, pois o artigo publicado continha apenas análises e resultados sem o questionário.

Os pesquisadores notaram uma limitação em seu estudo: o teste foi realizado exclusivamente em uma população indiana, cujas perspectivas culturais e religiosas podem diferir significativamente das de outras regiões. Eles alertaram que a ETAS deve ser usada com cuidado quando aplicada em contextos culturais diversos.

Fernandes (2021) propôs a **Escala de Inteligência Existencial** (EIS - *Existential Intelligence Scale*) para avaliar a capacidade de um indivíduo de se envolver em introspecção sobre temas existenciais essenciais, como morte, origens e a natureza da realidade. A EIS, composta por 12 itens, foi elaborada em resposta à insatisfação do autor com as escalas existenciais anteriores. Fernandes procurou criar uma avaliação mais abrangente e precisa da Inteligência Existencial. Mais detalhes sobre este estudo podem ser encontrados no Referencial Teórico.

Esses exemplos demonstram que os pesquisadores fizeram tentativas metodológicas para medir a Inteligência Existencial. No entanto, a maioria dos testes é baseada na literatura internacional e foi desenvolvida sob a influência cultural de países específicos, sem ser amplamente replicada em diferentes populações. Além disso, algumas avaliações incorporam elementos de Inteligência Espiritual ou não avaliam a Inteligência Existencial de maneira singular e completa.

Para suprir essas limitações, é necessário desenvolver uma escala de Inteligência Existencial em **português**, levando em consideração os contextos culturais nacionais. Essa nova escala deve integrar os pontos fortes das avaliações existentes, garantindo uma abordagem mais abrangente e replicável.

Apesar desses desafios, os testes psicométricos existentes indicam que a Inteligência Existencial pode ser identificada e medida dentro de grupos de estudo.

Tarefas Psicológicas Experimentais

"Deve ser distinguível de outras inteligências por tarefas psicológicas experimentais."

McKenzie (1999) desenvolveu o Inventário de Inteligência Múltipla, que consiste em nove seções, cada uma correspondendo a um domínio específico de inteligência. Esse inventário mede o nível de cada tipo de inteligência, permitindo a diferenciação entre várias modalidades. Cada seção contém dez afirmações que os entrevistados devem avaliar. Se uma declaração os descreve com precisão, eles a marcam com um "1". Se eles não se identificarem com uma declaração, eles deixam o espaço em branco. No final do questionário, o total de cada seção é somado.

Ramos e Martins (2018) realizaram pesquisas sobre a adoção de telas digitais e novas ferramentas tecnológicas em ambientes educacionais, examinando como essas inovações envolvem diferentes inteligências. Seu estudo teve como objetivo identificar como as inteligências múltiplas são exercidas ao usar jogos digitais para fins educacionais. Foi aplicado um questionário a 58 alunos matriculados no Curso de Extensão em Educação Continuada em Conselhos Escolares. Os resultados mostraram que a inteligência relacionada à matemática e ao raciocínio lógico foi a mais utilizada, seguida pela Inteligência Existencial, abstração, inteligência espacial e coordenação motora.

Em relação à Inteligência Existencial, os alunos foram questionados se encontraram dilemas éticos e morais durante o jogo, permitindo que os pesquisadores avaliassem esse domínio da inteligência. Esse estudo sugere que a Inteligência Existencial pode ser distinguida de outras modalidades.

Um estudo de Ayasrah e Aljarrah (2020) procurou identificar diferenças em inteligências múltiplas entre estudantes da Universidade de Ciência e Tecnologia da Jordânia, examinando correlações com gênero, ano acadêmico e desempenho. O estudo envolveu 349 participantes de ambos os sexos e utilizou a Escala MacKenzie para Inteligências Múltiplas.

Os pesquisadores concluíram que as tradições culturais, religiosas e sociais influenciaram a expressão das Inteligências Existencial e Musical. Eles observaram que a universidade carecia das ferramentas, espaços e métodos necessários para promover o desenvolvimento desses tipos de inteligência.

Além desses estudos, vários experimentos que medem a Inteligência Existencial em grupos de interesse específicos foram referenciados neste trabalho, incluindo pesquisas de Jaddou (2018), Fernandes (2021), Adi Astuti et al. (2021), Sharma e Jha (2021) e Paramasivam et al. (2022).

Com base nesses estudos, fica evidente que a Inteligência Existencial é distinguível de outras formas de inteligência por meio de tarefas psicológicas experimentais.

Sistema Central de Processamento de Informações

"Deve demonstrar um sistema central de processamento de informações. Ou seja, deve haver processos mentais identificáveis que lidam com informações relacionadas a cada inteligência."

O conceito de Sistema Central de Processamento de Informações sugere a existência de uma estrutura ou mecanismo dentro de uma entidade inteligente responsável por processar informações, armazenar conhecimento, fazer inferências e facilitar a tomada de decisões. Nos humanos, esse sistema é representado pelo cérebro e pelo sistema nervoso, que processam informações sensoriais, memórias, pensamentos e dados ambientais, permitindo tarefas e escolhas cognitivas.

Os processos mentais identificáveis referem-se aos mecanismos cognitivos, emocionais e perceptivos que ocorrem dentro do CIPS (Central Information Processing System), que podem ser estudados e analisados.

Alguns exemplos desses processos incluem:

Percepção: O processamento de informações sensoriais para interpretar o ambiente, incluindo visão, audição, olfato, paladar e tato.

Memória: O armazenamento e recuperação de experiências passadas para uso futuro.

Pensamento: O processo de raciocínio, resolução de problemas e tomada de decisão.

Emoção: Respostas emocionais a estímulos ou eventos que podem influenciar pensamentos e comportamento.

Aprendizagem: A aquisição de novos conhecimentos e habilidades por meio da experiência ou estudo.

Cada tipo de inteligência - seja humana, animal, artificial ou outra - tem seu próprio conjunto de processos mentais identificáveis e um CIPS exclusivo que permite que ela funcione. A complexidade e a eficiência desses processos variam dependendo da natureza da inteligência em questão.

Para a Inteligência Existencial, seu CIPS seria responsável pelo processamento de informações relacionadas a investigações existenciais, filosóficas e orientadas para o significado. Este sistema pode incluir:

Reflexão Filosófica: A capacidade de contemplar questões existenciais profundas, como o propósito da vida, a natureza da consciência, a moralidade e outros tópicos filosóficos.

Autoconsciência e Autorreflexão: A capacidade de reconhecer os próprios pensamentos, emoções e experiências, bem como de refletir sobre o significado da própria existência.

Compreendendo o Contexto Existencial: A capacidade de colocar a própria vida dentro de uma estrutura mais ampla, incluindo a consciência da mortalidade, as conexões humanas e a busca por significado.

Tomada de Decisão Existencial: A capacidade de fazer escolhas que alteram a vida, como decisões de carreira, adoção de valores fundamentais e formação de crenças pessoais.

Busca de Significado e Propósito: A motivação intrínseca para buscar um significado mais profundo na vida e estabelecer um senso pessoal de propósito que se estende além da satisfação das necessidades básicas.

Conclusão

Com base na aplicação dos critérios de identificação de uma inteligência, conforme estabelecido por **Gardner (1983)** e **Kornhaber, Fierros, & Veneema (2004)**, pode-se concluir que:

i. Pode ser observada em relativo isolamento entre prodígios ou outras populações excepcionais.

ii. Embora este trabalho tenha tentado mapear as áreas do cérebro ativadas pela Inteligência Existencial, mais pesquisas envolvendo experimentos de laboratório e ressonância magnética são necessárias para determinar com precisão como o cérebro funciona em relação a esse domínio de inteligência.

iii. Essa inteligência se desenvolve em um ritmo diferente de outras, evoluindo de forma independente e seguindo caminhos distintos em sua progressão.

iv. Por meio de descobertas arqueológicas e evidências históricas, os pesquisadores podem descobrir pistas sobre o surgimento e a evolução da Inteligência Existencial. No entanto, compreendê-la completamente continua sendo um desafio, sujeito a interpretação e debate contínuos.

v. Capturar a Inteligência Existencial dentro de sistemas simbólicos é mais complexo em comparação com as formas tradicionais de inteligência cognitiva. No entanto, aspectos da Inteligência Existencial ainda podem ser abordados e ensinados em ambientes educacionais formais e informais por meio de uma abordagem multidisciplinar e personalizada.

vi. Alguns pesquisadores desenvolveram testes psicométricos para identificar e medir a Inteligência Existencial em grupos de estudo. No entanto, esses testes apresentam limitações quando aplicados no Brasil, necessitando de revisão criteriosa para o desenvolvimento de uma escala de Inteligência Existencial em português.

vii. Vários estudos demonstraram que a Inteligência Existencial é distinguível de outras formas de inteligência por meio de tarefas psicológicas experimentais.

viii. Seu Sistema Central de Processamento de Informações seria responsável por analisar informações relacionadas a questões existenciais, filosóficas e orientadas para o significado da vida.

Características de um indivíduo com alto nível de Inteligência Existencial

Um indivíduo com um alto nível de Inteligência Existencial demonstra profunda reflexão e compreensão de questões filosóficas, metafísicas e existenciais. Embora não haja uma definição única ou consenso sobre o que constitui Inteligência Existencial, algumas características comuns incluem:

- **Reflexão Profunda:** Indivíduos com alta Inteligência Existencial se envolvem em profunda contemplação sobre aspectos fundamentais da vida, como o propósito da existência, a natureza da realidade e a mortalidade.

- **Busca de Significado:** Eles constantemente buscam significado e propósito em suas vidas e no mundo ao seu redor. Eles questionam o *status quo* e não aceitam respostas superficiais a questões existenciais.

- **Consciência da Mortalidade:** Esses indivíduos geralmente confrontam a realidade da morte de forma mais direta e profunda do que a maioria das pessoas. Essa consciência pode levar a uma maior apreciação da vida e ao desejo de viver com significado.

- **Abertura à Ambiguidade:** Eles são mais propensos a abraçar a incerteza, reconhecendo que muitas questões existenciais não têm respostas definitivas. Eles se sentem confortáveis com a complexidade e a natureza multifacetada da vida.

- **Pensamento Crítico:** A Inteligência Existencial é frequentemente associada a fortes habilidades analíticas e à capacidade de avaliar questões complexas de forma lógica e racional.

- **Empatia e Compaixão:** Aqueles com alta Inteligência Existencial tendem a ter uma compreensão profunda das lutas humanas, tornando-se mais empáticos e compassivos com os outros.

- **Curiosidade Intelectual:** Eles exibem uma curiosidade insaciável sobre questões filosóficas e existenciais e estão abertos a explorar diferentes perspectivas e escolas de pensamento.

- **Criatividade:** A Inteligência Existencial está frequentemente ligada à criatividade, pois os indivíduos que exploram questões profundas são frequentemente capazes de gerar ideias originais e abordagens inovadoras para os problemas.

- **Autenticidade:** Eles tendem a ser genuínos e fiéis a si mesmos em suas ações e relacionamentos, esforçando-se para viver de acordo com suas convicções e valores, mesmo que isso signifique desafiar as normas sociais.

- **Aceitação da Finitude:** Eles reconhecem a impermanência da vida, o que os leva a valorizar o tempo que têm e fazer escolhas que se alinham com seus valores e objetivos mais profundos.

É importante notar que a Inteligência Existencial é complexa, e nem todos os indivíduos que exibem essas características o fazem da mesma maneira. Além disso, possuir Inteligência Existencial não se correlaciona necessariamente com felicidade ou sucesso, pois, às vezes, isso pode levar a maior sofrimento existencial e desafios emocionais.

Flávia Ceccato

Análise de Questionários Psicométricos Existentes

Como a Inteligência Existencial lida com aspectos complexos e abstratos da cognição humana, projetar um teste preciso e confiável para medi-la pode ser um desafio. A maioria dos testes de inteligência tradicionais se concentra em habilidades cognitivas mais quantificáveis e bem definidas, como raciocínio linguístico, matemático ou espacial, que são mais fáceis de avaliar objetivamente do que a capacidade de um indivíduo de contemplar o significado da vida enquanto olha para uma xícara de café.

Para enfrentar esse desafio, é essencial examinar criticamente os testes anteriores encontrados na literatura que tentaram medir a Inteligência Existencial.

Escala para o Pensamento Existencial (Allan & Shearer, 2012)

Essa escala é composta por 11 questões destinadas a avaliar os processos de pensamento existencial. O formato de resposta segue uma escala Likert de seis pontos, variando de *raramente* a *o tempo todo*, com uma opção adicional *não sei*.

Tabela 4 - Escala para o Pensamento Existencial

1.Você já contemplou o propósito de sua vida?
1.Você já ponderou sobre o espírito humano ou o que acontece após a morte?
1.Você já passou algum tempo lendo, pensando ou discutindo Filosofia ou sistemas de crenças?
1.Você tem uma filosofia pessoal que o ajuda a lidar com o estresse ou a tomar decisões significativas na vida?
1.Você reflete sobre conceitos como eternidade, verdade, justiça e bondade?
2.Você se envolve em meditação, oração ou reflexão profunda sobre os mistérios da vida?
3.Você explora ou faz perguntas profundas para entender melhor o significado da vida?
4.Você já considerou um "grande projeto" ou processo abrangente do qual a humanidade faz parte?
5.Você pensa sobre o que existe além do imediato "aqui e agora" da vida diária?
6.Você já refletiu sobre as questões fundamentais da vida?
7.Você já contemplou a natureza da realidade ou do universo?

Fonte: Allan & Shearer, 2012.

Observações principais:

A escala aborda efetivamente preocupações existenciais fundamentais, como propósito de vida, significado e reflexão filosófica.

No entanto, algumas perguntas incorporam linguagem religiosa ou espiritual (por exemplo, "espírito humano", "oração"), o que pode introduzir preconceito. Isso ocorre porque uma pessoa agnóstica envolvida no estudo do universo e da Cosmologia pode argumentar que a ciência também fornece caminhos profundos para o desenvolvimento da Inteligência Existencial, sem necessariamente estar ligada a crenças espirituais.

Por exemplo, dois filósofos franceses agnósticos, mencionados anteriormente neste trabalho, demonstram um alto nível de Inteligência Existencial. Um deles, Jean-Paul Sartre, argumentou que a existência precede a essência e que os seres humanos são livres para criar seu próprio significado na vida, independentemente da crença religiosa.

Outro notável filósofo francês, existencialista e agnóstico, foi Albert Camus. Ele explorou a ideia de que a vida é inerentemente absurda e que não se pode derivar um significado transcendental dela, incluindo a crença em Deus.

Portanto, para garantir uma abordagem neutra e inclusiva, recomenda-se que tais termos sejam substituídos por palavras mais filosoficamente neutras (por exemplo, substituindo "espiritualidade" por "senso de existência").

Escala Adaptada para o Pensamento Existencial (Zubi et al., 2015)

Uma adaptação da escala de Allan & Shearer, esta versão se expande para 20 perguntas e integra temas existenciais adicionais.

Tabela 5 - Escala Adaptada para o Pensamento Existencial

1. Você pensa mais na realidade ou nas pessoas?
2. Você descobre ideias filosóficas através da literatura ou obras de arte?
3. Você se envolve em discussões sobre questões filosóficas e tenta respondê-las?
4. Você discute tópicos religiosos que não têm respostas definitivas?
5. Você gasta tempo em oração?
6. Você busca respostas detalhadas para as questões fundamentais da vida?
7. As pessoas próximas a você acreditam que você tem uma compreensão profunda das questões essenciais da vida?
8. Você contempla conceitos como eternidade, honestidade, justiça e bondade?
9. Você gasta tempo refletindo sobre os mistérios do universo?
10. Você costuma mediar conflitos entre as pessoas ao seu redor?

11. Você está trabalhando consistentemente em direção aos seus objetivos?
12. Você pensa sobre o conceito de alma ou espírito?
13. Você gasta tempo discutindo filosofia ou sistema de crenças específico?
14. Você dedica tempo à leitura e ao pensamento profundo?
15. Você reflete sobre o que acontece conosco após a morte?
16. Você acredita que existe vida em outros planetas?
17. Você já contemplou o significado ou segredo da vida?
18. Você acredita na existência de fantasmas?
19. Você já refletiu sobre o sofrimento humano e suas causas?
20. Você já considerou as origens da humanidade?

Fonte: Zubi et al., 2015

Observações principais:

A adição de itens extras expande o escopo da escala, mas também introduz ambiguidades. Por exemplo, a questão sobre a mediação de conflitos entre as pessoas ao seu redor carece de uma conexão clara com a Inteligência Existencial.

Várias perguntas mantêm conotações religiosas, incluindo referências a orações, espíritos e fantasmas. Embora a escala busque explorar a investigação existencial mais profundamente, ela se volta para o misticismo e temas religiosos, o que pode comprometer sua objetividade.

Escala de Inteligência Existencial (Fernandes, 2021)

Desenvolvida para superar as limitações das escalas anteriores, esse instrumento é composto por 12 itens especificamente elaborados para avaliar a reflexão existencial.

Tabela 6 - Escala de Inteligência Existencial

1. Eu tento ativamente entender meu propósito.
2. Fico fascinado / intrigado quando ouço as pessoas falarem sobre o significado da vida ou se esses tópicos são discutidos.
3. Costumo ler livros ou artigos ou assistir a vídeos/palestras sobre o sentido da vida.
4. Passo muito tempo pensando sobre minha existência ou a existência em geral e / ou seu significado.
5. Sinto-me atraído por conversas/livros/palestras/ ou outras plataformas (podcasts, etc.) que discutem a morte, o morrer e a vida após a morte.
6. Costumo fazer uma pausa no meu dia a dia para pensar sobre o que estou fazendo ou por que estou fazendo.
7. Passo muito tempo pensando sobre o que (aspecto de mim ou em geral) me define.
8. {invertida} Não acho as conversas sobre o universo e nossa experiência consciente fascinantes ou mesmo interessantes.
9. Passo muito tempo contemplando se minha existência (e as outras) é real.
10. {invertida} Prefiro não falar ou pensar sobre a morte ou a vida após a morte.
11. Passo muito tempo pensando sobre a natureza da realidade e se **Deus existe.**
12. Muitas vezes penso na origem da existência.

Fonte: Fernandes, 2021

Observações Principais:

Essa escala é mais filosoficamente rigorosa e evita o enquadramento religioso evidente.

Inclui itens com código reverso, que aumentam a confiabilidade minimizando o viés de resposta.

No entanto, uma pergunta faz referência explícita à crença em Deus, o que pode afetar a neutralidade. Ajustar a redação pode melhorar sua aplicabilidade em diversos sistemas de crenças.

Inventário de Inteligência Múltipla (McKenzie, 1999)

Esse inventário mais amplo avalia vários domínios de inteligência. Originalmente composto por nove seções, apenas as dez questões relacionadas à Inteligência Existencial foram consideradas para este estudo.

Tabela 7 - Inventário de Inteligência Múltipla (adaptado)

1. É importante ver meu papel no "quadro geral" das coisas.
2. Gosto de discutir questões sobre a vida.
3. A religião é importante para mim.
4. Eu gosto de ver obras de arte.
5. Exercícios de relaxamento e meditação são gratificantes para mim.

6. Gosto de viajar para visitar lugares inspiradores.

7. Gosto de ler sobre filósofos.

8. Aprender coisas novas é mais fácil quando vejo sua aplicação no mundo real.

9. Eu me pergunto se existem outras formas de vida inteligente no universo.

10. É importante para mim me sentir conectado a pessoas, ideias e crenças.

Fonte: McKenzie, 1999.

Observações Principais:

Ao contrário das escalas anteriores, este inventário incorpora preferências de estilo de vida (por exemplo, viagens, apreciação de arte, meditação), que podem refletir traços de personalidade em vez de Inteligência Existencial.

A formulação de certas perguntas (por exemplo, "A religião é importante para mim") sugere um viés espiritual.

No geral, essa ferramenta é menos precisa na captura das principais dimensões cognitivas da Inteligência Existencial.

Análise Comparativa e Recomendações

Cada escala oferece contribuições únicas, mas também apresenta limitações na medição da Inteligência Existencial sem viés religioso.

Tabela 8 - Análise Comparativa

Escala	Pontos fortes	Limitações
Allan & Shearer (2012)	Base sólida na investigação existencial	Alguns termos religiosos/espirituais introduzem vieses
Zubi et al. (2015)	Gama mais ampla de temas existenciais	Elementos místicos reduzem a neutralidade
Fernandes (2021)	Mais rigorosa e filosoficamente neutra	Um item pode ser reformulado para evitar suposições teológicas
McKenzie (1999)	Conecta o pensamento existencial ao estilo de vida e comportamento	Mais orientado para a personalidade do que baseado na inteligência

Fonte: a autora.

Recomendações finais:

Refinar a Redação das Questões: Para manter a neutralidade, os termos relacionados à religião devem ser reformulados de maneira mais filosófica ou existencial.

Desenvolver um Modelo Híbrido: A criação de uma versão modificada que integre os pontos fortes de diferentes escalas pode aumentar a validade e a aplicabilidade.

Expandir Métricas de Resposta: Padronizar os formatos de resposta e incorporar uma seção de justificativa/explicação para certos itens pode ajudar a distinguir o pensamento existencial profundo da reflexão casual.

Flávia Ceccato

Proposta de Duas Novas Escalas para Medir a Inteligência Existencial

Para abordar as limitações dos instrumentos existentes e fornecer uma avaliação mais precisa da Inteligência Existencial, este estudo propõe duas novas escalas:

Escala de Inteligência Existencial para Jovens e Adultos (Existential Intelligence Scale for Youth and Adults - EISYA) – Uma escala de 20 itens categorizada em quatro domínios principais:

Propósito

A Vida e o Universo

Natureza da Realidade

Experiência Coletiva

Escala de Inteligência Existencial para Crianças (Existential Intelligence Scale for Children - EISC) – Uma escala mais simples, de 5 itens, projetada para avaliar a Inteligência Existencial em indivíduos mais jovens, considerando seu desenvolvimento cognitivo e padrões comportamentais.

Essas escalas foram desenvolvidas com base em uma extensa revisão da literatura existente, conforme analisado na seção anterior, com foco em temas existenciais centrais, evitando a sobreposição com outras formas de inteligência. Além disso, as perguntas foram cuidadosamente estruturadas para serem claras, não repetitivas e livres de preconceitos religiosos ou místicos, garantindo uma medição neutra e inclusiva da Inteligência Existencial.

Abordagem Metodológica no Desenvolvimento de Escala

A construção dessas escalas seguiu os princípios traçados por Alexandre e Coluci (2011) quanto à validade de conteúdo em instrumentos de medida. Eles enfatizam que a validade do conteúdo envolve um processo de duas etapas:

Desenvolvimento de Instrumentos – Definir a construção, identificar domínios-chave e formular itens apropriados.

Avaliação de especialistas – Validação do instrumento por meio de análise especializada antes de testes mais amplos.

Neste estudo, **a Primeira Etapa** - o desenvolvimento das escalas - foi concluída, enquanto o processo de revisão e validação de especialistas será abordado em pesquisas futuras.

De acordo com Lynn (1986), as medidas cognitivas devem seguir estas etapas:

- Identificação de domínios-chave
- Construção de itens
- Organização dos itens em uma escala coerente

Seguindo essas diretrizes, os domínios da Inteligência Existencial neste estudo foram definidos com base em:

- Teoria das inteligências múltiplas de Howard Gardner (1983)

- Pesquisa sobre avaliação de inteligência por Kornhaber, Fierros e Veneema (2004)
- Uma análise crítica dos questionários de Inteligência Existencial existentes

Além disso, foi dada atenção especial à adaptação cultural ao incorporar questões traduzidas de outras escalas. Como destacam Alexandre e Coluci (2011), a adaptação de uma ferramenta de medição envolve mais do que uma simples tradução, pois requer ajustes de relevância linguística, cultural e contextual.

Escala de Inteligência Existencial para Jovens e Adultos (EISYA)

- Esta escala de 20 itens emprega uma escala Likert de cinco pontos:
- Discordo plenamente
- Discordo
- Não concordo nem discordo
- Concordo
- Concordo plenamente

A pontuação máxima possível é de 100 pontos (20 × 5). Os itens com pontuação reversa são ajustados de acordo, garantindo que pontuações mais baixas reflitam uma Inteligência Existencial mais fraca, enquanto pontuações mais altas indicam um envolvimento existencial mais forte.

Figura 5 - Escala de Inteligência Existencial para Jovens e Adultos (EISYA)

PROPÓSITO

1. Tento ativamente entender meu propósito.
2. Fico intrigado em compreender o propósito da existência humana.
3. Eu me preocupo com meu corpo físico para ter longevidade e cumprir o meu propósito de vida.
4. Eu atribuo significado ao meu trabalho, tornando-o uma ferramenta para ajudar no cumprimento do meu propósito de vida.
5. (reversa) Penso que a inteligência artificial pode ocupar o lugar do homem e deixar a humanidade sem propósito.

VIDA E UNIVERSO

6. Busco refletir sobre a origem do universo e da vida.
7. Eu me pergunto se existem outras formas de vida inteligente no universo.
8. Sou atraído por conversas/livros/palestras/ ou outras plataformas (podcasts, etc.) que discutem a morte, o morrer e a vida após a morte.
9. Penso sobre o significado da finitude humana.
10. Gosto de ler e pesquisar sobre a relatividade do tempo e a teoria dos multiversos.

NATUREZA DA REALIDADE

11. Costumo fazer uma pausa no meu dia a dia para pensar no que estou fazendo ou porque estou fazendo.
12. Procuro compreender a realidade e já me interroguei se o mundo ao nosso redor é genuíno e não uma ilusão.
13. Busco entender se somos seres livres com livre-arbítrio ou nossa existência está determinada por causas e condições prévias.
14. Eu normalmente penso sobre as várias consequências de uma decisão antes de agir.
15. Considero todas as variáveis ao meu alcance para projetar cenários futuros e planejar minhas ações de forma antecipada.

VIVÊNCIA COLETIVA

16. (reversa) Normalmente passo grande parte do tempo nas redes sociais.
17. Procuro priorizar o bem-estar coletivo ao individual.
18. Tento compreender o sofrimento humano e suas causas.
19. Questiono se existe uma base objetiva para a moralidade e como devemos decidir o que é certo ou errado.
20. Às vezes, eu encontro um bom argumento que contesta algumas das minhas convicções mais fortes.

Fonte: a autora.

Escala de Inteligência Existencial para Crianças (EISC)

Para participantes mais jovens, um sistema de resposta binária mais simples é usado:

- 1 = Sim
- 0 = Não

Como a escala é composta por cinco questões, a pontuação máxima possível é de **5 pontos**.

Este formato fornece uma avaliação clara e direta da Inteligência Existencial em crianças, garantindo que as perguntas permaneçam apropriadas à idade e facilmente compreensíveis.

Figura 6 - Escala de Inteligência Existencial para Crianças (EISC)

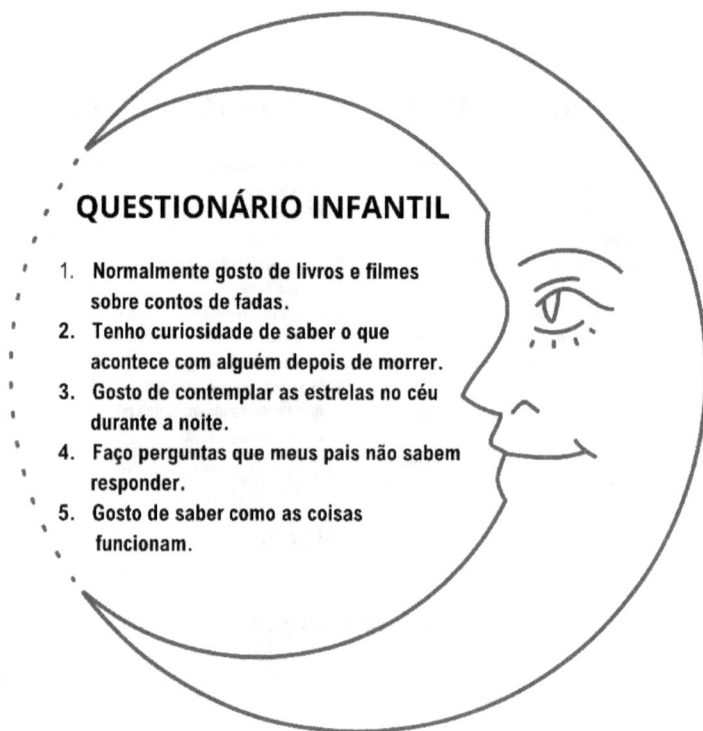

QUESTIONÁRIO INFANTIL

1. Normalmente gosto de livros e filmes sobre contos de fadas.
2. Tenho curiosidade de saber o que acontece com alguém depois de morrer.
3. Gosto de contemplar as estrelas no céu durante a noite.
4. Faço perguntas que meus pais não sabem responder.
5. Gosto de saber como as coisas funcionam.

Fonte: a autora.

Aprimorando a Inteligência Existencial na Sala de Aula

Promover a Inteligência Existencial em ambientes educacionais incentiva os alunos a pensarem profundamente, refletirem criticamente e se envolverem significativamente com o mundo ao seu redor. Os educadores podem implementar várias estratégias baseadas em evidências para cultivar essa forma de inteligência.

1. Conectando o Aprendizado ao Quadro Geral

Relacionar o conteúdo acadêmico a questões do mundo real aumenta a compreensão dos alunos sobre como o conhecimento pode moldar a existência humana. Por exemplo:

- As discussões sobre **sustentabilidade ambiental** podem vincular princípios científicos a questões éticas sobre a responsabilidade da humanidade para com o planeta.

- **Os estudos históricos** podem explorar as implicações filosóficas dos principais eventos.

2. Incentivando o Pensamento Holístico

Os alunos devem ser orientados a sintetizar ideias complexas e reconhecer como os conceitos individuais contribuem para estruturas maiores. Os exemplos incluem:

- Explorar **experiências humanas universais** por meio da literatura e da filosofia.

- Analisar **eventos históricos** sob múltiplas perspectivas, promovendo o raciocínio crítico e abstrato.

3. Promovendo Vários Pontos de Vista

Incentivar os alunos a examinarem tópicos sob diversas perspectivas nutre empatia e mente aberta. As atividades possíveis são:

- **Debates estruturados** sobre dilemas éticos.
- **Exercícios de dramatização** para explorar diferentes visões de mundo.

4. Exercícios de Reflexão e Síntese

Os alunos se beneficiam ao resumir e analisar seus pensamentos por meio de:

- **Diário reflexivo**
- **Mapeamento de conceito**
- **Apresentações orais** sobre temas existenciais

Essas atividades ajudam a consolidar o aprendizado, ao mesmo tempo em que reforçam a importância da reflexão profunda.

5. Oportunidades de Ensino Ponto a Ponto

Incentivar os alunos a explicarem ideias complexas para seus colegas fortalece a compreensão e o engajamento. As atividades podem incluir:

- **Discussões conduzidas por alunos** sobre tópicos existenciais.
- **Projetos colaborativos em grupo** que exploram temas existenciais.

O Papel dos Educadores no Desenvolvimento da Inteligência Existencial

De acordo com Howard Gardner (2006a), a Inteligência Existencial é uma característica natural das crianças que deve ser nutrida e não negligenciada. Em sociedades que incentivam o questionamento, as crianças naturalmente se envolvem em investigações existenciais, fazendo perguntas profundas sobre a vida, o propósito e o universo.

Os professores desempenham um papel crítico na promoção dessa curiosidade inata ao:

- Incentivar os alunos a fazerem **perguntas existenciais** sem medo de respostas "erradas".

- Fornecer **recursos e discussões** que ajudem os alunos a explorarem tópicos significativos.

- Projetar **tarefas** que desafiem os alunos a se envolverem com questões filosóficas profundas.

Usando a EISC como Ferramenta Educacional

A **Escala de Inteligência Existencial para Crianças (EISC)** serve como um instrumento de diagnóstico para avaliar o envolvimento dos alunos com o pensamento existencial. Os educadores podem usar os resultados para:

- **Identificar alunos** com alta Inteligência Existencial que podem se beneficiar de discussões mais avançadas.

- **Adaptar os planos de aula** para promover uma reflexão mais profunda nos alunos que apresentam dificuldades com o pensamento abstrato.

Ao integrar a Inteligência Existencial ao currículo, os educadores capacitam os alunos a se envolverem com as questões profundas da vida, cultivarem habilidades de pensamento crítico e desenvolverem um senso de propósito.

Isso não apenas aprimora a experiência de aprendizado, mas também prepara os alunos para navegarem em um mundo cada vez mais complexo e interconectado com confiança e curiosidade intelectual.

Integração Tecnológica e Inteligência Existencial

O Papel da Tecnologia na Exploração Existencial

A Inteligência Existencial envolve uma reflexão profunda sobre questões fundamentais da vida, como:

- Qual é o sentido da vida?

- Qual é a natureza da realidade?

- O que acontece após a morte?

- Como definimos moralidade e justiça?

Tradicionalmente, a investigação existencial tem sido explorada por meio da Filosofia, Religião, Literatura e Artes (Gardner, 1999). No entanto, na era moderna, as tecnologias digitais fornecem maneiras novas, interativas e imersivas de se envolver com essas questões profundas (Gee, 2007; McGonigal, 2011).

Este capítulo examina:

1. Como as ferramentas digitais, os jogos e a realidade virtual aprimoram a Inteligência Existencial criando experiências que promovem uma reflexão profunda.

2. Os desafios colocados pela cultura digital - como a natureza acelerada e cheia de distrações da tecnologia moderna pode minar o pensamento existencial profundo.

3. Estratégias práticas para integrar a tecnologia, preservando a investigação existencial significativa, particularmente em ambientes educacionais.

Ao explorar a interseção de tecnologia e Inteligência Existencial, este capítulo garante que a investigação existencial permaneça relevante, envolvente e acessível na era digital.

Ferramentas Digitais para Aprimorar a Inteligência Existencial

Os avanços tecnológicos expandiram as maneiras pelas quais os indivíduos interagem com questões profundas sobre a vida, a realidade e a existência humana. A seguir estão as principais ferramentas digitais que podem aprimorar a Inteligência Existencial.

Realidade Virtual (RV) e Experiências Imersivas

A realidade virtual (RV) está sendo cada vez mais usada como uma ferramenta transformadora para a exploração existencial. A RV permite que os usuários entrem em novas realidades, experimentem perspectivas alternativas e se envolvam com temas existenciais abstratos (Slater & Sanchez-Vives, 2016).

Exemplos de experiências de RV para exploração existencial:

- **Exploração Espacial RV e a Perspectiva Cósmica** – Aplicativos como Universe Sandbox e Titans of Space permitem que os usuários experimentem a vastidão do cosmos, promovendo admiração, humildade existencial e profunda reflexão sobre o lugar da humanidade no universo (Yaden et al., 2016).

- **Experiências de RV a partir de Diferentes Perspectivas de Vida** – Programas como o Be Another Lab permitem que os usuários experimentem a vida da perspectiva de outra pessoa, aumentando a empatia e a reflexão filosófica sobre a identidade e a consciência humana (Banakou, Groten e Slater, 2013).

- **Meditação e Mindfulness RV** – Aplicativos como TRIPP e Meditação Guiada RV ajudam os usuários a se desapegarem das distrações e se envolverem em uma profunda autorreflexão e criação de significado.

Implicação: A RV pode servir como uma ferramenta poderosa para se envolver com questões existenciais, tornando as discussões filosóficas abstratas tangíveis e imersivas.

Videogames Filosóficos e Baseados em Narrativas

Os videogames evoluíram além do mero entretenimento para experiências interativas de contar histórias que envolvem os jogadores em uma profunda reflexão existencial (Bogost, 2010; Sicart, 2013).

Exemplos de Jogos que Exploram Temas Existenciais:

- The Stanley Parable (2013) – Explora o livre arbítrio, o determinismo e a ilusão de escolha por meio de narrativas interativas (Anthropy & Clark, 2014).

- Journey (2012) – Usa simbolismo e uma narrativa emocional para representar a vida como uma jornada metafórica, evocando temas de companheirismo, solidão e transcendência (McGonigal, 2011).

- The Witness (2016) – Apresenta narrativas de mistério e ambiente para explorar a consciência, a percepção e a busca por significado (Blow, 2016).

- NieR: Automata (2017) – Examina o pavor existencial, a inteligência artificial e a natureza da existência humana (Takahashi, 2017).

Implicação: Jogos bem projetados podem atuar como *playgrounds* filosóficos modernos, envolvendo os jogadores em dilemas existenciais por meio do aprendizado experiencial, em vez da instrução tradicional.

Inteligência Artificial e *Chatbots* para Investigação Filosófica

Chatbots orientados por IA e agentes de conversação, como ChatGPT e tutores de IA socrática, podem facilitar discussões profundas sobre tópicos existenciais (Russell & Norvig, 2021).

Aplicações na Inteligência Existencial:

- **Diálogo Socrático Alimentado por IA** – *Chatbots* projetados para desafiar crenças, fazer perguntas instigantes e explorar ideias filosóficas de forma interativa (Colton, López de Mántaras, & Stock, 2009).

- **Escrita Reflexiva Assistida por IA** – Ferramentas de IA que analisam ensaios ou periódicos, fornecendo *feedback* sobre a profundidade e coerência dos argumentos existenciais (Bender & Koller, 2020).

- **Simulações de Ética de IA** – Plataformas que permitem aos usuários se envolverem em dilemas éticos e explorarem questões existenciais sobre moralidade e consciência (Moor, 2006).

Implicação: A IA pode servir como uma ferramenta reflexiva, estimulando novas perspectivas e pensamento crítico sobre questões existenciais.

Desafios da Tecnologia na Reflexão Existencial

Embora a tecnologia ofereça novas oportunidades para a Inteligência Existencial, ela também apresenta desafios que devem ser cuidadosamente gerenciados.

Distrações Digitais e Engajamento Superficial

A exposição constante às mídias sociais, notificações e entretenimento digital podem diminuir a profundidade da reflexão, substituindo a investigação existencial significativa pelo consumo superficial de conteúdo.

Solução: Incentive o "minimalismo digital" e o uso intencional da tecnologia. Os alunos devem equilibrar o tempo de tela com uma reflexão profunda e ininterrupta.

Ansiedade Existencial na Era Digital

A exposição à IA em rápida evolução, crises globais e ameaças existenciais (por exemplo, mudanças climáticas, automação) por meio da mídia digital podem aumentar a ansiedade existencial em vez de aprofundarem a Inteligência Existencial.

Solução: Implemente estratégias de bem-estar digital, como diário reflexivo ou discussões filosóficas guiadas, para ajudar os indivíduos a processarem e contextualizarem os medos existenciais de maneira construtiva.

Câmaras de Eco e Viés de Confirmação

Os algoritmos personalizados das mídias sociais podem prender os indivíduos em câmaras de eco intelectuais, limitando a exposição a diversas perspectivas existenciais.

Solução: Educadores e alunos devem buscar ativamente diversos pontos de vista, explorando filosofias, culturas e perspectivas além de suas bolhas digitais.

Estratégias para Integrar a Tecnologia ao Desenvolvimento da Inteligência Existencial

Para aproveitar a tecnologia de forma eficaz, minimizando suas desvantagens, educadores e alunos podem adotar as seguintes estratégias:

Uso Consciente de Ferramentas Digitais

- Introduzir experiências estruturadas de RV que promovam a reflexão existencial.

- Incentivar os alunos a jogarem videogames filosóficos e discutir seus temas.

- Usar *chatbots* baseados em IA para diálogo socrático e exercícios de pensamento crítico.

Desintoxicação Digital e Práticas Reflexivas

- Designar períodos livres de tecnologia para profunda autorreflexão e investigação filosófica.

- Implementar tarefas de diário em que os alunos reflitam sobre questões existenciais sem interferência digital.

Expandindo a Alfabetização Filosófica por Meio da Tecnologia

- Apresente aos alunos arquivos *online* de obras filosóficas (por exemplo, Stanford Encyclopedia of Philosophy).

- Use plataformas interativas orientadas por IA para simular debates entre filósofos históricos.

Tecnologia Como Porta de Entrada para a Exploração Existencial

A tecnologia, quando usada intencionalmente, pode servir como um poderoso facilitador da Inteligência Existencial, fornecendo aos indivíduos novas maneiras de explorar, refletir e se envolver com questões profundas. No entanto, a integração cuidadosa é essencial para evitar distração, ansiedade e estagnação intelectual.

Ao equilibrar o engajamento digital com a reflexão profunda, educadores e alunos podem alavancar os avanços tecnológicos para enriquecer a investigação existencial, garantindo que a busca por significado permaneça central em um mundo cada vez mais digital.

Considerações Finais

Ao longo deste livro, exploramos a Inteligência Existencial como uma dimensão distinta e profunda da cognição humana, que transcende as estruturas tradicionais de inteligência e investiga questões fundamentais de existência, propósito e significado. Como vimos, a Inteligência Existencial não é apenas uma abstração filosófica, mas uma faculdade cognitiva que molda a tomada de decisões, a resiliência emocional e a realização pessoal.

Ao examinar os fundamentos teóricos da Inteligência Existencial, traçamos seu significado histórico e cultural, distinguindo-a da Inteligência Espiritual, ao mesmo tempo em que reconhecemos suas interseções com a Filosofia, a Neurociência e a Psicologia. Os estudos empíricos revisados neste livro ressaltam o crescente interesse por esse domínio, particularmente no que diz respeito a sua avaliação e aplicação em diversos contextos. O desenvolvimento de novos instrumentos psicométricos, como aqui proposto, representa um passo crucial para a formalização da Inteligência Existencial dentro da estrutura mais ampla das inteligências múltiplas.

As implicações práticas da Inteligência Existencial são de longo alcance. Na educação, promover a investigação existencial pode ajudar os alunos a desenvolverem o pensamento crítico e o raciocínio ético, equipando-os para navegar em um mundo cada vez mais complexo e incerto. Em ambientes profissionais e organizacionais, a Inteligência Existencial pode melhorar a liderança, a tomada de decisões éticas e o bem-estar geral no local de trabalho. Além disso, à medida em que a sociedade enfrenta desafios como crises ambientais, interrupções tecnológicas e instabilidade sociopolítica, a Inteligência Existencial oferece um meio de cultivar resiliência, adaptabilidade e um senso de propósito mais profundo.

Apesar dessas direções promissoras, a Inteligência Existencial continua sendo um campo de estudo em evolução. Mais pesquisas são necessárias para refinar as metodologias de avaliação, descobrir seus fundamentos neurológicos e explorar suas aplicações potenciais em saúde mental, educação e políticas públicas. Além disso, à medida que a inteligência artificial continua a remodelar a cognição humana e os mercados de trabalho, a Inteligência Existencial pode ser uma habilidade essencial para preservar a identidade e a agência humanas em um mundo em rápida mudança.

Em última análise, este livro serve como um convite para exploração e diálogo contínuos. Ao reconhecer a importância da Inteligência Existencial, podemos promover uma cultura que valoriza a reflexão profunda, a investigação ética e uma compreensão holística do potencial humano. Em um mundo marcado pela volatilidade e complexidade, a capacidade de se envolver significativamente com as questões mais profundas da vida não é apenas uma busca intelectual, mas uma necessidade para o bem-estar pessoal e coletivo.

À medida que avançamos, vamos abraçar o desafio de integrar a Inteligência Existencial em nossos sistemas educacionais, ambientes profissionais e vidas diárias. Ao fazer isso, podemos capacitar indivíduos e comunidades a buscarem significado, cultivarem sabedoria e navegarem pelas incertezas da existência com clareza e propósito.

Referências Bibliográficas

1. **ABIMBOLA, W.** *Ifá: An Exposition of Ifá Literary Corpus.* Oxford University Press, 1976.

2. **ALEXANDER, N. M. C.; COLUCI, M. Z. O.** "Content Validity in the Processes of Construction and Adaptation of Measurement Instruments." *Science & Collective Health*, vol. 7, 2011, pp. 3061-3068.

3. **ALLAN, B. A.; SHEARER, B.** "The Scale for Existential Thinking." *International Journal of Transpersonal Studies*, vol. 31, no. 1, 2012, pp. 21-37.

4. **ALLMAN, J. M., et al.** "The Anterior Cingulate Cortex: The Evolution of an Interface Between Emotion and Cognition." *The New York Academy of Sciences*, vol. 935, no. 1, 2006, pp. 107-117. Disponível em: https://doi.org/10.1111/j.1749-6632.2001.tb03476.x. Acesso em 5 de julho de 2025.

5. **ANDRADE, R. R.; SMITH, M. F. M. D. S.; GOMES, R. L. R.** "On the Experience of Meaning at Work and in Organizations: Contributions of Logotherapy and Existential Analysis." *Revista Contribuciones a las Ciencias Sociales*, São José dos Pinhais, vol. 16, no. 7, 2023, pp. 6407-6427.

6. **ANTHROPY, A.; CLARK, N.** *A Game Design Vocabulary: Exploring the Foundations of Experiences in Video Games.* Pearson Education, 2014.

7. **AQUINO, T. D.** *Summa Theologica.* 5th ed., Loyola Editions, vol. 1, 2001.

8. **ARISTOTLE.** *Nicomachean Ethics.* 350 BCE.

9. **ASTUTI, S. A.; LAKO, A.; UTAMI, M. S. S.** "Existential Intelligence and Pro-Environmental Behavior of Students in Adiwiyata and Non-Adiwiyata Schools: Are They Different?" *Journal of Southwest Jiaotong University*, vol. 56, no. 6, 2021. Disponível em: https://doi.org/10.35741/issn.0258-2724.56.6.62. Acesso em 5 de julho de 2025.

10. **AYASRAH, S. M.; ALJARRAH, A. H.** "The Differences in Multiple Intelligences Between the Students of Jordan University of Science and Technology." *International Journal of Higher Education*, vol. 9, no. 4, 2020. Disponível em: https://doi.org/10.5430/ijhe.v9n4p35. Acesso em 5 de julho de 2025.

11. **BANAKOU, D.; GROTEN, R.; SLATER, M.** "Illusory Ownership of a Virtual Child Body Causes Overestimation of Object Sizes and Implicit Attitude Changes." *Proceedings of the National Academy of Sciences*, vol. 110, no. 31, 2013, pp. 12846-12851.

12. **BATTISTE, M.** *Indigenous Knowledge and Pedagogy in First Nations Education: A Literature Review with Recommendations.*, 2002.

13. **BENDER, E. M.; KOLLER, A.** "Climbing Towards NLU: On Meaning, Form, and Understanding in the Age of Data." *Proceedings of the 58th Annual Meeting of the Association for Computational Linguistics*, 2020.

14. **BLOW, J.** *The Witness: Game Design and Philosophy.* Thekla Inc., 2016.

15. **BOGOST, I.** *Persuasive Games: The Expressive Power of Videogames.* MIT Press, 2010.

16. **BOSS, J. A.** "The Autonomy of Moral Intelligence." *Educational Theory*, vol. 44, no. 4, 2005, pp. 399-416.

17. **BRANCHES, D. K.; MARTINS, P. N.** "Digital Games in Educational Contexts and Multiple Intelligences: Approaches and Contributions to Learning." *Research, Society and Development*, vol. 7, no. 5, 2018, pp. 01-17.

18. **BRANCUCCI, A., et al.** "The Sound of Consciousness: Neural Underpinnings of Auditory Perception." *Journal of Neuroscience*, vol. 31, no. 46, 2011, pp. 16611-16618.

19. **BÜHNER, M.; KRÖNER, S.; ZIEGLER, M.** "Working Memory, Visual–Spatial Intelligence, and Their Relationship to Problem-Solving." *Intelligence*, vol. 36, no. 6, 2008, pp. 672-680. Disponível em: https://doi.org/10.1016/j.intell.2008.03.008. Acesso em 5 de julho de 2025.

20. **CAMUS, A.** *Estado de Sítio*; *O estrangeiro.* Traduzido por Maria Jacintha e Antônio Quadros. São Paulo: Abril Cultural, 1979.

21. **CAMUS, A.** *The Myth of Sisyphus.* 1942.

22. **CAMUS, A.** *O Mito de Sísifo.* Traduzido por Ari Roitman e Paulina Watch. Rio de Janeiro: Record, 2004.

23. **COLOM, R., et al.** "Human Intelligence and Brain Networks." *Dialogues in Clinical Neuroscience*, vol. 12, no. 4, 2010, pp. 489-501.

24. **COLTON, S.; LÓPES DE MÁNTARAS, R.; STOCK, O.** "Computational Creativity: Coming of Age." *AI Magazine*, vol. 30, no. 3, 2009, pp. 11-24.

25. **CRICK, F.; CLARK, J.** "The Astonishing Hypothesis." *Journal of Consciousness Studies*, vol. 1, no. 1, 1994, pp. 10-16.

26. **DALAI LAMA.** *The Art of Happiness.* 1999.

27. **ELIADE, M.** *Patterns in Comparative Religion.* 1958.

28. **FERNANDES, S. J.** "Existential Intelligence Scale and its Implications for Preliminary Assessment of Ontological Insecurity." *PsyArXiv*, 2021. Disponível em: https://doi.org/10.31234/osf.io/8e5kq. Acesso em 5 de julho de 2025.

29. **FERRERO, M.; VADILLO, M. A.; LÉON, S. P.** "A Valid Evaluation of the Theory of Multiple Intelligences is Not Yet Possible: Problems of Methodological Quality for

Intervention Studies." *Intelligence*, vol. 88, 2021. Disponível em: https://doi.org/10.1016/j.intell.2021.101566. Acesso em 5 de julho de 2025.

30. **FORSYTHE, J.; MONGRAIN, M.** "The Existential Nihilism Scale (ENS): Theory, Development, and Psychometric Evaluation." *Journal of Psychopathology and Behavioral Assessment*, vol. 45, 2023, pp. 865-883. Disponível em: https://doi.org/10.1007/s10862-023-10052-w. Acesso em 5 de julho de 2025.

31. **FRANKL, V. E.** *Em busca de sentido: um psicólogo no campo de concentração.* Synodal Press, vol. 3, 2013.

32. **FRIEDMAN, D.; NESSLER, D.; JOHNSON JR, R.** "Memory Encoding and Retrieval in the Aging Brain." *Neurobiology of Aging*, vol. 38, no. 1, 2007, pp. 2-7.

33. **GANIS, G.; THOMPSON, W. L.; KOSSLYN, S. M.** "Brain Areas Underlying Visual Mental Imagery and Visual Perception: An fMRI Study." *Cognitive Brain Research*, vol. 20, no. 2, 2004.

34. **GARDNER, H.** *Frames of Mind: The Theory of Multiple Intelligences.* Basic Books, 1983.

35. **GARDNER, H.** *Frames of Mind: The Theory of Multiple Intelligences.* 10th anniversary ed., Basic Books, 1993.

36. **GARDNER, H.** *The Disciplined Mind: What All Students Should Understand.* Simon & Schuster, 1999.

37. **GARDNER, H.** "A Case Against Spiritual Intelligence." *The International Journal for the Psychology of Religion*, vol. 1, no. 10, 2000, pp. 27-34. Disponível em: https://doi.org/10.1207/S15327582IJPR1001_3. Acesso em 5 de julho de 2025.

38. **GARDNER, H.** *Howard Gardner Under Fire: The Rebel Psychologist Faces His Critics.* Open Court, 2006, pp. 277-344.

39. **GARDNER, H.** *Multiple Intelligences: New Horizons.* Basic Books, 2006.

40. **GARDNER, H.** "A Resurgence of Interest in Existential Intelligence: Why Now?" *Howard Gardner*, 2020. Disponível em: https://www.howardgardner.com/howards-blog/a-resurgence-of-interest-in-existential-intelligence-why-now. Acesso em 5 de julho de 2025.

41. **GEE, J. P.** *What Video Games Have to Teach Us About Learning and Literacy.* Palgrave Macmillan, 2007.

42. **GOLEMAN, D.** *Emotional Intelligence.* Bantam Books, 1995.

43. **GORIOUNOVA, N. A.; MANSVELDER, H. D.** "Genes, Cells, and Brain Areas of Intelligence." *Frontiers in Human Neuroscience*, vol. 13, 2019. Disponível em: https://doi.org/10.3389/fnhum.2019.00044. Acesso em 5 de julho de 2025.

44. **HEIDEGGER, M.** *Being and Time.* Vozes, vol. 1, 1988.

45. **JADDOU, E. A. A.** "Existential Intelligence Among Graduate Students at the World Islamic Sciences University in Jordan." *Academic Journals*, vol. 13, no. 3, 10 July 2018, pp. 534-542.

46. **JOURNEY Through the Timeline.** *Becoming Human*, 2023. Disponível em: https://becominghuman.org/timeline/. Acesso em 5 de julho de 2025.

47. **KIERKEGAARD, S.** *Fear and Trembling and The Sickness Unto Death.* Princeton University Press, 2013.

48. **KORNHABER, M.; FIERROS, E.; VEENEMA, S.** *Multiple Intelligences: Best Ideas from Research and Practice.* Pearson Education Inc, 2004.

49. **LYNN, M. R.** "Determination and Quantification of Content Validity." *Nursing Research*, vol. 35, no. 6, 1986, pp. 382-385.

50. **MACKENZIE, W.** *Multiple Intelligences Inventory.* Surfaquarium, 1999. Disponível em: https://surfaquarium.com/MI/inventory.htm. Acesso em 5 de julho de 2025.

51. **MASLOW, A.** "A Theory of Human Motivation." 1943.

52. **MBITI, J.** *African Religions and Philosophy.* 1969.

53. **MCGONIGAL, J.** *Reality is Broken: Why Games Make Us Better and How They Can Change the World.* Penguin, 2011.

54. **MOOR, J. H.** "The Nature, Importance, and Difficulty of Machine Ethics." *IEEE Intelligent Systems*, vol. 21, no. 4, 2006, pp. 18-21.

55. **NEDELCU, E.** "Consumerism Versus the Culture of Existential Intelligence." *Romanian Review of Social Sciences*, vol. 12, no. 1, 2021, pp. 3-15.

56. **NEISSER, U., et al.** "Intelligence: Knowns and Unknowns." *American Psychologist*, vol. 51, no. 2, 1996, pp. 77-101. Disponível em: https://doi.org/10.1037/0003-066X.51.2.77. Acesso em 5 de julho de 2025.

57. **NISBETT, R.** *The Geography of Thought: How Asians and Westerners Think Differently...and Why.* 2003.

58. **PARAMASIVAM, T., et al.** "Existential Intelligence Influences Adversity Quotient Among Youth in Becoming Life Smart Learner." *Journal of Pharmaceutical Negative Results*, vol. 13, no. 9, 2022, pp. 5978-5991.

59. **PIAGET, J.** *The Psychology of Intelligence.* London: Routledge, 1950.

60. **PIAGET, J.** *The Origins of Intelligence in Children.* International Universities Press, New York, 1952.

61. **PLATO.** *Republic.* c. 375 BCE.

62. **RADHAKRISHNAN, S., & MOORE, C. A.** *A Sourcebook in Indian Philosophy.* 1957.

63. **RAHULA, W.** *What the Buddha Taught.* 1974.

64. **RODRIGUES, F. D. A. A.** "Inteligência DWRI." *Recisatec – Scientific Journal of Health and Technology*, vol. 2, no. 12, Dec. 2022. Disponível em: https://doi.org/10.53612/recisatec.v2i12.232. Acesso em 5 de julho de 2025.

65. **RODRIGUES, F. D. A.; WAGNER, R. E. S.; BARTH, N.** "Inteligencia General." *Ciencia Latina Revista Científica Multidisciplinar*, vol. 6, no. 1, 2022, pp. 4990-4998.

66. **RUSSELL, B.** *A History of Western Philosophy.* 1945.

67. **RUSSELL, S. J., & NORVIG, P.** *Artificial Intelligence: A Modern Approach* (4th ed.). Pearson, 2021.

68. **SANTOS, R. O. D.** " Estrutura e Funções do Córtex Cerebral." Faculdade de Ciências da Saúde do Centro Universitário de Brasília, Brasília, 2002.

69. **SARTRE, J.-P.** *Being and Nothingness.* Book Sales, 1982.

70. **SCOPI.** "Mundo VUCA e BANI." 24 Feb. 2023. Disponível em: https://scopi.com.br/blog/mundo-vuca-e-bani/#:~:text=Mundo%20VUCA%20e%20BANI%20s%C3%A3o,forma%20como%20as%20organiza%C3%A7%C3%B5es%20atuam. Acesso em 5 de julho de 2025.

71. **SHARMA, A.; JHA, A.** "Who Are We As Humans?: A Question Raised By Existential Intelligence." *Meri Journal of Education*, vol. XVII, no. 1, April 2022.

72. **SHARMA, A.; JHA, A. K.** "Existential Intelligence Among University Students Attributed to Gender and Study Level of Participants." *Education India Journal: A Quarterly Refereed Journal of Dialogues on Education*, vol. 10, no. 1, 2021, pp. 113-122.

73. **SICART, M.** *Beyond Choices: The Design of Ethical Gameplay.* MIT Press, 2013.

74. **SKRZYPIŃSKA, K.** "Does Spiritual Intelligence (SI) Exist? A Theoretical Investigation of a Tool Useful for Finding the Meaning of Life." *Journal of Religion and Health*, vol. 60, no. 1, Feb. 2021, pp. 500-516. Disponível em: https://link.springer.com/article/10.1007/s10943-020-01005-8. Acesso em 5 de julho de 2025.

75. **SLATER, M., & SANCHEZ-VIVES, M. V.** "Enhancing Our Lives with Immersive Virtual Reality." *Frontiers in Robotics and AI*, vol. 3, no. 74, 2016.

76. **SPENCER, J. L., et al.** "Uncovering the Mechanisms of Estrogen Effects on Hippocampal Function." *Frontiers in Neuroendocrinology*, vol. 2, 2008, pp. 219-237.

77. **STADLER, M., et al.** "Complex Problem Solving and Intelligence: A Meta-Analysis." *Intelligence*, vol. 53, 2015, pp. 92-101. Disponível em: https://doi.org/10.1016/j.intell.2015.09.005. Acesso em 5 de julho de 2025.

78. **SUZUKI, D. T.** *Zen Buddhism.* 1956.

79. **TAFNER, M. A.** "Artificial Neural Networks: How the Nervous System Works." *Brain & Mind*, Mar/May 1998. Disponível em: https://cerebromente.org.br/n05/tecnologia/nervoso.htm. Acesso em 5 de julho de 2025.

80. **TAKAHASHI, D.** "NieR: Automata and the Philosophy of AI Consciousness." *GameSpot Interviews*, 2017.

81. **TURKEN, U. A.; WHITFIELD-GABRIELI, S.; BAMMER, R.** "Cognitive Processing Speed and the Structure of White Matter Pathways: Convergent Evidence from Normal Variation and Lesion Studies." *NeuroImage*, vol. 42, 2008, pp. 1032-1044.

82. **YADEN, D. B., et al.** "The overview effect: Awe and self-transcendent experience in space flight." *Psychology of Consciousness: Theory, Research, and Practice*, vol. 3, no. 1, 2016, pp. 1-11.

83. **ZAMROZIEWICZ, M. K., et al.** "Parahippocampal Cortex Mediates the Relationship Between Lutein and Crystallized Intelligence in Healthy, Older Adults." *Frontiers in Aging Neuroscience*, vol. 8, 2016. Disponível em: https://doi.org/10.3389/fnagi.2016.00297. Acesso em 5 de julho de 2025.

84. **ZUBI, A.; AL-RABEE, F.; AL-JARRAH, N. A.** "Intuitive Intelligence and Its Relation to Gender Variators and the Academic Level: A Field Study on a Sample of the Faculty

of Education Students." *Journal of the Islamic University for Educational and Psychological Studies*, vol. 23, no. 3, 2015, pp. 129-145.